微信小程序运营

创意设计+渠道布局+用户运营+营销转化

谭 贤 编著

电子工业出版社
Publishing House of Electronics Industry
北京·BEIJING

内 容 简 介

本书从创意设计、渠道布局、用户运营、营销转化 4 个角度出发，用 12 章内容、161 个知识点及几百张图片，通过横向和纵向剖析，对微信小程序的运营进行了翔实的描述，让读者能够快速、直接地获取实用知识。

横向剖析基于案例，本书引用并深入剖析了 50 多个企业的小程序案例，涉及电商、游戏、餐饮、服装、旅游、教育、影视等行业，通过总结成功企业的小程序运营经验，帮助企业少走弯路、错路，节省运营成本。

纵向剖析侧重技巧，内容包括小程序的优势特点、设计理念、抢占渠道、营销战术、场景连接、内容打造、用户体验、留存策略、转化技巧等，帮助企业打造爆款小程序。

本书适合小程序开发者、零基础的小程序运营者、电商从业者及小程序开发爱好者等参考阅读。

未经许可，不得以任何方式复制或抄袭本书之部分或全部内容。
版权所有，侵权必究。

图书在版编目（CIP）数据

微信小程序运营：创意设计+渠道布局+用户运营+营销转化/谭贤编著. —北京：电子工业出版社，2020.6
ISBN 978-7-121-39001-2

Ⅰ. ①微… Ⅱ. ①谭… Ⅲ. ①网络营销 Ⅳ. ①F713.365.2

中国版本图书馆 CIP 数据核字（2020）第 076351 号

策划编辑：王　群
责任编辑：徐蔷薇　　　文字编辑：王　群
印　　刷：河北虎彩印刷有限公司
装　　订：河北虎彩印刷有限公司
出版发行：电子工业出版社
　　　　　北京市海淀区万寿路 173 信箱　　邮编：100036
开　　本：720×1000　1/16　印张：15.75　字数：318 千字
版　　次：2020 年 6 月第 1 版
印　　次：2025 年 8 月第 5 次印刷
定　　价：68.00 元

凡所购买电子工业出版社图书有缺损问题，请向购买书店调换。若书店售缺，请与本社发行部联系，联系及邮购电话：（010）88254888，88258888。
质量投诉请发邮件至 zlts@phei.com.cn，盗版侵权举报请发邮件至 dbqq@phei.com.cn。
本书咨询联系方式：wangq@phei.com.cn，910797032（QQ）。

前 言

2017年1月9日,第一批小程序上线,在短短1年多的时间里,取得了令人瞩目的成绩。

先有摩拜单车与微信小程序的合作,在合作初期,摩拜单车的月活跃用户数量环比增速达到200%,而且每天50%以上的新增注册用户来自微信小程序。

再有原本只是二线电商平台的"蘑菇街",借助小程序,抢夺了大量原本属于淘宝、京东等大平台的用户。甚至在"双十一"当天,其小程序的新客成交占比达到了App的4倍。

"微信之父"张小龙在看到小程序的发展态势之后,主动带队做起了小游戏。而这款叫作"跳一跳"的小程序,不仅一度刷爆微信朋友圈、抖音短视频,成为人们热议的话题,还以每天500万元的广告费用,在短期内成功变现。

在看到小程序的发展,特别是"跳一跳"小程序的飞速发展之后,有人甚至表示App都被小程序"杀死"了。当然,这个说法有点夸张,但也反映出小程序在运营方面的巨大影响力。

正因为微信小程序的发展势头强劲、影响巨大,越来越多的人开始加入小程序运营大军。目前,国内进行小程序开发的创业者与经营者有数百万人,但成功率却不到10%,90%以上的开发运营者都在"白忙活",这是为什么呢?

会开发小程序,但不知小程序的流量如何引爆;会运营小程序,却不知留住用户达成转化成交!面对新零售的商机,应如何进行小程序设计?如何走出营销困境?又如何开发出赚钱级小程序?本书从这些痛点、难点出发,为读者奉献一本小程序设计、营销、运营、推广、留存、成交实战手册。

说到底,小程序的运营包括四大块:一是创意设计,二是渠道布局,三是用户运营,四是营销转化。

一、创意设计

一个小程序凭什么在市场中脱颖而出,让目标用户看到自身的价值?作者认为关键在于设计出具有创意的小程序,而要做到这一点则需要从以下两方面着手。

一是了解小程序和小程序营销的优势，以及小程序营销的注意事项，加深对小程序的理解，从而结合自身实际情况，找到初步的设计思路。

二是从设计理念、设计规则和亮点打造3个角度出发，全面剖析小程序设计的具体方略。在小程序的设计规则中，融入设计者自身的创意亮点，打造独特的小程序。

二、渠道布局

一款小程序要想获得发展，就必须尽可能地被目标用户看到。要做到这一点，可以通过两方面的渠道进行布局，增加用户的接触点。

一是以流量入口为切入点，利用微信中的天然入口、关联公众号之后获得的入口，以及微信之外的其他小程序入口，对小程序进行宣传，让流量入口成为宣传舞台，增加用户点击率。二是从线上、线下两个方面，通过多个渠道全面推广小程序，让更多的人看到小程序。

三、用户运营

无论什么应用程序，用户都是运营的重中之重。小程序作为应用程序的一种，自然也不例外。从作者个人经验来看，小程序的用户运营需要做好以下几点工作。

一是围绕内容生产的要素和王牌内容的生产方法，更好地打造目标用户需要的内容，凭借优质内容让小程序脱颖而出。

二是以用户体验为中心，从用户体验的评估到极致体验的营造，打造让用户用得"舒服"的小程序。让用户在获得满意的使用体验的同时，对小程序产生依赖性。

三是通过一定的技巧，让用户在短时间内变成小程序的忠实粉丝。在留住老用户的同时，迎来小程序新用户数量的持续、快速增长，为小程序的发展助力。

四是通过品牌的打造，在保证小程序口碑的同时，打造具备一定影响力的小程序品牌，让用户主动选择你的小程序。

四、营销转化

虽然小程序有着千亿元级的市场潜力，但是要想从中获利却并不是一件容易的事。很多有一定经济实力的运营者，在前期投入大量资本，待积累了几十万或上百万的"粉丝"时才考虑赢利，作者不建议这么做，因为现在各行各业变化太快，这种做法风险太大。

那么，如何做好小程序的营销转化呢？我们不妨从以下几点进行思考。

一是通过对营销方向、营销方式和营销策略的全面掌控，对小程序的营销战略进行深度剖析，找到更适合自己的营销方案，变"营销"为"赢销"。

二是以场景营销为核心，从场景思维、场景连接需求和利用场景提高小程序搜索排名入手，结合场景思维运营小程序，通过场景打造，给用户一个消费的理由，更好地刺激用户消费。

三是充分利用小程序变现技巧，选择适合自身小程序的变现方式，提高成交转化率。

四是对小程序行业内的大号运营案例进行解读，基于这些成功案例，找到适合自身小程序的运营方式，向小程序的成功运营大步迈进。

在本书的编写过程中，高彪、柏松、刘嫄、杨端阳等人给予了很多帮助和支持，在此表示感谢。由于作者知识水平有限，书中难免有不足和疏漏之处，恳请广大读者批评、指正。

谭 贤

目 录

第1章 20个基础入门知识，迎接小程序推广时代 ·· 1
1.1 写在前面的4个问题 ·· 2
1.1.1 哪些人适合看这本书 ·· 2
1.1.2 这本书都写了些什么 ·· 2
1.1.3 为何说本书值得一看 ·· 3
1.1.4 怎样更好地读懂本书 ·· 3
1.2 小程序时代已然来临 ·· 4
1.2.1 小程序是什么 ·· 4
1.2.2 小程序给谁带来了机遇 ·· 5
1.2.3 生活已日益离不开小程序 ··· 5
1.2.4 小程序成为又一营销利器 ··· 6
1.3 小程序有哪些营销优势 ·· 7
1.3.1 限制较少，人人可为 ·· 7
1.3.2 获取便利，随时可用 ·· 8
1.3.3 功能强大，短小精悍 ·· 9
1.3.4 限制解除，功能完善 ··· 11
1.3.5 插件功能，共享开发 ··· 12
1.3.6 微信搭台，潜力巨大 ··· 14
1.3.7 QQ助力，打通增益 ·· 15
1.3.8 第三方赋予新可能 ·· 16
1.4 小程序运营要多加小心 ··· 17
1.4.1 位置错误会被投诉 ·· 17
1.4.2 诱导行为后果严重 ·· 19
1.4.3 用户隐私需要保护 ·· 20
1.4.4 内容须与业务一致 ·· 20

第2章　16个流量获取入口，发展潜力超乎你想象 ………………………… 22

2.1 微信中小程序的天然入口 …………………………………………………… 23
- 2.1.1 可下载的小程序二维码 ……………………………………………… 23
- 2.1.2 聊天信息就能提供入口 ……………………………………………… 24
- 2.1.3 聊天记录自动留下痕迹 ……………………………………………… 26
- 2.1.4 下拉聊天界面出现入口 ……………………………………………… 27
- 2.1.5 在用户附近会自动显示 ……………………………………………… 28
- 2.1.6 知道名称即可搜索得到 ……………………………………………… 29
- 2.1.7 搜索服务可直达小程序 ……………………………………………… 30
- 2.1.8 朋友圈广告的花式推广 ……………………………………………… 31

2.2 关联公众号获得额外奖励 …………………………………………………… 32
- 2.2.1 图文消息链接可直达 ………………………………………………… 32
- 2.2.2 菜单栏实现直接跳转 ………………………………………………… 34
- 2.2.3 介绍界面的互相引导 ………………………………………………… 36
- 2.2.4 关联完成即通知用户 ………………………………………………… 37
- 2.2.5 落地页广告自我宣传 ………………………………………………… 39

2.3 这些外援也可助一臂之力 …………………………………………………… 41
- 2.3.1 免费 Wi-Fi 提供入口 ………………………………………………… 41
- 2.3.2 分享 App 获得入口 …………………………………………………… 42
- 2.3.3 第三方平台帮你说话 ………………………………………………… 44

第3章　13个创意亮点设计：展现小程序独特价值 …………………………… 46

3.1 正确的理念让你赢在起点 …………………………………………………… 47
- 3.1.1 精准定位，找到目标 ………………………………………………… 47
- 3.1.2 人无我有，尽显独特 ………………………………………………… 48
- 3.1.3 人有我优，体现专业 ………………………………………………… 49

3.2 创意需要建立在规则之上 …………………………………………………… 50
- 3.2.1 操作顺畅，不被打断 ………………………………………………… 50
- 3.2.2 导航清晰，指示明确 ………………………………………………… 51
- 3.2.3 主次操作，清楚明晰 ………………………………………………… 53
- 3.2.4 重点内容，突出显示 ………………………………………………… 54
- 3.2.5 页面规范，有板有眼 ………………………………………………… 55
- 3.2.6 异常情况，及时处理 ………………………………………………… 60

目录

- 3.3 小程序的亮点这样来打造 ······ 61
  - 3.3.1 做自己擅长的事情 ······ 61
  - 3.3.2 提供用户需要的功能 ······ 62
  - 3.3.3 为用户反馈提供入口 ······ 63
  - 3.3.4 更新升级以变得更好 ······ 64

第 4 章　14 个渠道全面介入，将流量尽数握在手中 ······ 66

- 4.1 线下推广需要主动出击 ······ 67
  - 4.1.1 门店是免费的推广平台 ······ 67
  - 4.1.2 线下也能"码"上推广 ······ 67
  - 4.1.3 沙龙既是社交也是宣传 ······ 68
  - 4.1.4 参加活动，抓住一切机会 ······ 69
- 4.2 线上推广可以多管齐下 ······ 70
  - 4.2.1 微信是推广的主阵地 ······ 70
  - 4.2.2 QQ 推广不应该缺席 ······ 71
  - 4.2.3 善用百度的 PC 力量 ······ 73
  - 4.2.4 微博粉丝为推广增益 ······ 75
  - 4.2.5 贴吧让定位更加精准 ······ 77
  - 4.2.6 问答间接实现软营销 ······ 78
  - 4.2.7 视频给推广以感染力 ······ 80
  - 4.2.8 音频的力量超乎想象 ······ 81
  - 4.2.9 直播让话题更具价值 ······ 82
  - 4.2.10 "@"增加推广的针对性 ······ 83

第 5 章　13 个营销战术解析，"赢销"其实很简单 ······ 86

- 5.1 营销之前要先找准方向 ······ 87
  - 5.1.1 娱乐提升品质 ······ 87
  - 5.1.2 时尚引领潮流 ······ 88
  - 5.1.3 特色凸显个性 ······ 89
  - 5.1.4 面向特定用户 ······ 90
- 5.2 想"赢销"还得会营销 ······ 91
  - 5.2.1 社交营销发挥"网红"力量 ······ 91
  - 5.2.2 活动营销让用户看过来 ······ 92
  - 5.2.3 饥饿营销渲染热销场面 ······ 93

> 微信小程序运营：创意设计+渠道布局+用户运营+营销转化

    5.2.4 口碑营销获取持续动力 ·············· 94
    5.2.5 话题营销引爆销售热潮 ·············· 96
    5.2.6 借力营销善用他人之力 ·············· 97
  5.3 小程序营销讲的是策略 ··················· 98
    5.3.1 用户就是你的宣传员 ················· 98
    5.3.2 给用户创造使用机会 ················· 99
    5.3.3 尽早入场，占据有利位置 ············· 100

第6章 13个场景营销策略，给用户一个消费的理由 ········ 105

  6.1 场景思维下的商业重塑 ·················· 106
    6.1.1 你了解所谓的场景思维吗 ············· 106
    6.1.2 商业场景争夺愈演愈烈 ·············· 108
    6.1.3 场景应用的关键在于抓痛点 ··········· 110
    6.1.4 销售的每个阶段皆可营造场景 ·········· 112
    6.1.5 掌握构建场景的方法很重要 ··········· 113
  6.2 通过场景连接用户的需求 ················· 114
    6.2.1 场景思维是构建场景的核心 ··········· 114
    6.2.2 场景描述可让用户看到需求 ··········· 116
    6.2.3 场景有时也能变成消费契机 ··········· 117
    6.2.4 数据可以令场景更具说服力 ··········· 118
    6.2.5 创新场景探寻新的获客模式 ··········· 119
  6.3 把握搜索场景，轻松提高排名 ··············· 121
    6.3.1 热点关键词需要被曝光 ·············· 121
    6.3.2 关键词应该多多露面 ··············· 122
    6.3.3 通过链接增加使用机会 ·············· 123

第7章 12个内容打造要点，助力小程序脱颖而出 ········ 125

  7.1 内容生产需要把握几个元素 ················ 126
    7.1.1 走进内心的文字制作 ··············· 126
    7.1.2 愉悦身心的图片制作 ··············· 127
    7.1.3 引人注目的视频制作 ··············· 128
    7.1.4 感染人心的音频制作 ··············· 130
  7.2 掌握方法，王牌内容可随时产出 ·············· 131
    7.2.1 感情让内容具有温度 ··············· 131

7.2.2	真实更容易获得认同	132
7.2.3	用惊喜博取用户好感	133
7.2.4	适度包装为内容升级	134
7.2.5	通过测试寻找未来的方向	135
7.2.6	放手让用户自产信息	137
7.2.7	立足定位找准大方向	138
7.2.8	让用户养成使用习惯	141

第8章 10个体验营造方法，把你的用户牢牢拴住 143

8.1 评估用户体验主要看4点 144
- 8.1.1 功能是否是用户需要的 144
- 8.1.2 用户对内容有没有兴趣 145
- 8.1.3 交互设计能否达到预期 147
- 8.1.4 页面是否符合目标定位 148

8.2 极致体验应该这样来营造 149
- 8.2.1 提高服务质量 149
- 8.2.2 邀请用户参与设计过程 151
- 8.2.3 与时俱进，紧跟时代潮流 152
- 8.2.4 将他人的经验为自己所用 153
- 8.2.5 通过创意打造新鲜体验 155
- 8.2.6 个性内容营造特色感受 156

第9章 11个用户留存技巧，快速收获大量忠实粉丝 159

9.1 用户留存的4大制胜要素 160
- 9.1.1 过硬的产品质量 160
- 9.1.2 低廉的产品价格 161
- 9.1.3 平台的不可替代性 162
- 9.1.4 不给用户留麻烦 163

9.2 方法用得好，用户不会跑 164
- 9.2.1 签到有奖，增加登录率 164
- 9.2.2 积分奖励，提高获得感 167
- 9.2.3 任务奖励，在玩中送福利 168
- 9.2.4 适度让利，有舍才有得 170
- 9.2.5 等级服务，让钱花得值 172

9.2.6 借助社交，促成二次消费·····174
9.2.7 多做活动，激发消费欲望·····175

第10章 12个品牌打造方略，名号叫得响，不选你选谁·····178

10.1 品牌是实力的重要组成部分·····179
10.1.1 品牌与利益直接挂钩·····179
10.1.2 品牌需要更具辨识度·····179
10.1.3 品牌是文化的一部分·····180

10.2 品牌是企业文化的直观呈现·····181
10.2.1 品牌是团队精神的彰显·····181
10.2.2 品牌是服务质量的折射·····182
10.2.3 品牌是文化层次的说明·····183

10.3 品牌打造是运营的终极目标·····184
10.3.1 品牌是企业运营的核心·····184
10.3.2 品牌是企业增值的资本·····185
10.3.3 品牌是企业地位的象征·····187

10.4 品牌打造需要正确战略的支撑·····188
10.4.1 利用互联网思维打造口碑·····188
10.4.2 依托互联网寻找打造方案·····189
10.4.3 立足需求，获得持久竞争力·····190

第11章 12个成交转化攻略，掌握方法，赚钱赚到手软·····192

11.1 有销量自然就会有收入·····193
11.1.1 借助大型平台的力量·····193
11.1.2 打造独立的电商平台·····195
11.1.3 促成线上线下联动·····196
11.1.4 出售卡片·····198

11.2 内容优质，不愁赚不到钱·····199
11.2.1 采用会员制，积少成多·····199
11.2.2 开设课程并收取费用·····201
11.2.3 向用户推出付费内容·····202

11.3 不卖东西同样也能赢利·····204
11.3.1 直播导购，引流促销·····204
11.3.2 流量主为变现赋能·····205

目录

- 11.3.3 运营和广告两不误 ... 207
- 11.3.4 有偿为用户提供服务 ... 208
- 11.3.5 借融资来增强变现能力 ... 210

第12章　15个行业案例分析，大号亲自示范 ... 212

- 12.1 内容强，小程序就差不了 ... 213
  - 12.1.1 汽车之家：选车和用车的行家 ... 213
  - 12.1.2 轻芒杂志：帮你找寻理想生活 ... 215
  - 12.1.3 豆瓣评分：你的影视剧专家团 ... 216
- 12.2 电商的开展需要新思路 ... 218
  - 12.2.1 拼多多：商品价格低到不可思议 ... 218
  - 12.2.2 饿了么：帮你照顾好你的"五脏庙" ... 220
  - 12.2.3 女王新款：服务对象在精不在多 ... 221
  - 12.2.4 蘑菇街女装：并不只有女装 ... 223
- 12.3 实用工具让人不离不弃 ... 224
  - 12.3.1 车来了：我的等车气被治愈了 ... 225
  - 12.3.2 猫眼电影：买票就是这么方便 ... 226
  - 12.3.3 墨迹天气：一手掌握天气变化 ... 228
  - 12.3.4 手持弹幕：将弹幕随身携带 ... 229
- 12.4 游戏永远是主流应用 ... 230
  - 12.4.1 跳一跳：你跳我跳大家跳 ... 232
  - 12.4.2 最强弹一弹：弹走各种不开心 ... 233
  - 12.4.3 头脑王者：我比爱因斯坦厉害 ... 235
  - 12.4.4 海盗来了：开启环球航海之旅 ... 237

第 1 章

20 个基础入门知识，迎接小程序推广时代

1.1 写在前面的 4 个问题

在阅读本书之前,作者觉得有必要先给大家做一个热身,让大家在增加对本书的了解的同时,找到更高效的阅读模式。具体来说,在阅读本书之前,大家需要先对"哪些人适合看这本书?""这本书都写了些什么?""为何说这本书值得一看?""怎样更好地读懂本书?"这 4 个问题进行了解。

● 1.1.1 哪些人适合看这本书

本书思路清晰、内容丰富、语言简洁、图文并茂,可为以下几类人群提供借鉴。

(1)用创意打造特色小程序的开发者。虽然在微信的扶持和第三方平台的助力下,小程序的开发门槛逐步降低,但是要打造出一个具有特色的小程序却不是一件容易的事。本书通过创意要点的展示,让开发者有的放矢,更好地打造具有创意的小程序。

(2)零基础的微信小程序运营者。本书采用由浅入深、循序渐进的方式对微信小程序的创意设计、渠道布局、用户运营及营销转化进行详细解读。从基础知识到经典案例,以图解的形式进行论述,让无任何基础的读者也可以快速掌握小程序运营方法。

(3)希望通过小程序获得一桶金的电商从业者。微信小程序的一大价值在于为新零售电商提供了一个新的平台。本书旨在为实体店店主和电商店主提供从小程序开发到运营的全方位指导,使其能提高自身的营销水平。

(4)各类微信小程序爱好者。本书不仅采用纵向深挖的写作技巧将每个知识点进行透彻分析,更结合微信小程序的更新升级,对微信小程序的最新功能进行全面剖析。无论是对微信小程序所知不多的初级入门者,还是资深的微信小程序使用者,都可以从中获得一些对微信小程序的新认识。

● 1.1.2 这本书都写了些什么

本书围绕微信小程序,对大家关心的创意设计、渠道布局、用户运营及营销转化这 4 块的内容进行解读,并配以具体的应用案例来加深理解。无论是你想零基础开发、运营小程序,还是希望找到更有效的运营策略,总能有所收获。

具体来说，本书围绕小程序，对流量入口、亮点设计、推广渠道、营销战术、场景营销、内容打造、极致体验、用户留存、口碑营造、成交转化及行业案例等内容分章节进行了解读。

而在对每个知识点进行具体解读时，又按照是什么、为什么、怎么做的基本思路，层层梳理，让大家不仅可以了解相关内容，更能将本书中的技巧快速运用到实际运营当中。

1.1.3 为何说本书值得一看

本书作为一本实用型书籍，特色亮点主要体现在以下几方面。

（1）实用性。作为一个拥有自己小程序平台的运营者，作者比其他人更清楚地知道小程序运营者需要什么，且书中的内容均为作者小程序运营实践经验的总结，具有较强的实用性。

（2）全面性。从内容来看，本书用 12 章内容，对小程序的基础知识、主要入口、亮点设计、推广渠道、营销战术、场景营销、内容打造、用户体验、用户留存、品牌塑造、变现技巧和行业案例等与小程序运营推广相关的问题进行了具体说明，内容较为全面。即使零基础的小程序运营者，也能看得懂、用得上。

（3）透彻性。本书以要点导入、技巧详解和专家提示 3 个版块对每个知识点进行具体说明，注重分析的透彻性，从而让小程序运营者在看懂内容的同时，可以更快地掌握精华内容，并活学活用、举一反三，为实践活动提供有力指导。

（4）适用性。本书在对每个知识点进行解读时，基本上都加入了具体的案例分析。因此，本书介绍的小程序案例达数十个，基本上所有小程序行业均有涉及。所以，本书具有广泛的适用性，不管小程序运营者的服务类目是什么，都可以从中找到一些运营技巧。

（5）图解多。本书在内容的呈现上采用图文并茂的形式，全书的图片将近 300 张。这在减轻读者阅读压力的同时，也给出了更加形象的内容呈现。

1.1.4 怎样更好地读懂本书

本书思路清晰，大家可以按照横向和纵向两条分析线来掌握本书内容。

从横向来看，本书以 12 章专题，对与小程序运营相关的内容进行了一条龙式的讲解，让毫无运营经验的运营者也能快速入门，甚至可以将年赢利千万的梦想变成现实。

从纵向来看，本书在讲解每个知识点时，对相关的基础内容、运营技巧，以及具体案例分别进行了分析，让读者不仅能知道有哪些营销技巧，更能将相关技巧快速运用于实践当中，在营销的同时，实现"赢销"。

1.2 小程序时代已然来临

从2017年年初上线以来，小程序持续发力，向各类运营人士展现了其强大的营销价值，创造出一个又一个营销奇迹，小程序时代已然来临。

1.2.1 小程序是什么

2017年1月9日，微信小程序正式上线，如图1-1所示为小程序界面。微信创始人张小龙在2017微信公开课中表示，小程序是微信的一种新应用形态，重在给包括电商零售在内的优质产品和服务提供一个开放的平台。

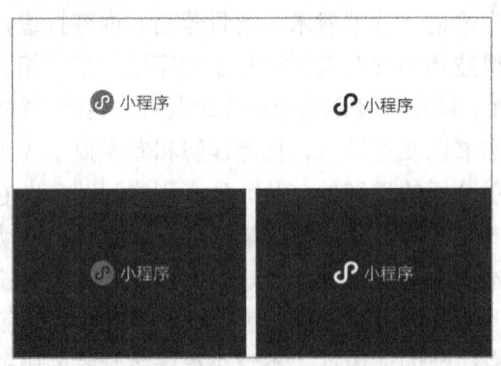

图1-1 小程序界面

简单来说，小程序就是将用户手机上的各种App集成到微信中，无须下载和安装，点开即可使用。小程序的出现实际上是微信颠覆网络应用的一种尝试。它的出现使网站、App、实体商店等都变成一个个即用即开、无须下载的小程序，从而给人们带来更加便捷的上网体验。

在面对一种新事物时，我们需要做的不应该只是静观其发展，等情况明朗之后再采取行动；而应该在它出现之后，就进行分析，看它是否有发展潜力，能否为自己所用。

运营者对小程序的态度也应如此。在小程序刚出现时，就应该进行分析和尝试，切不可等到其发展成大势时再介入，失去先机之后，要想获得发展将面临更多的挑战。

1.2.2 小程序给谁带来了机遇

有人曾将小程序比作一个矿藏，在采矿的过程中，可能会有 3 种人获得发展：一种是铺路的，一种是挖矿的，还有一种是卖水的。那么哪些群体属于这 3 种人呢？作者认为，小程序的发展至少可以给 4 类群体带来发展契机。

（1）程序员。小程序的发展使市场对小程序程序员的需求增加，这可以为许多程序员提供就业机会。

（2）培训机构。随着小程序的发展，市场对程序员的需求增加，相关的培训需求也随之增加，这便让培训机构多了许多潜在客户。

（3）外包公司。小程序开发需要一定的专业知识，在人才不足的情况下，许多小程序运营方会选择直接将小程序的开发和运营工作外包给一些具有专业素养的公司。

（4）普通创业者。对于创业者来说，应用可以作为一个创业的切入口，但是，当前 App 市场已经渐趋饱和，要想通过 App 创业，风险较大，且需要的资金相对较多。而小程序市场刚刚兴起，还有待进一步完善，其留给创业者的施展空间相对较大，风险相对较小。

虽然小程序是一座矿藏，但是，如果你迟迟不到，或者只是浅尝辄止，那么，你可能难以发现它的价值，甚至还要干赔本买卖。所以，如果决定要做小程序，就一定要投入全部的心力。

1.2.3 生活已日益离不开小程序

随着小程序数量的不断增加，以及用户使用频率的增加，小程序逐渐融入人们的生活。甚至对于一部分人来说，日常生活已经离不开小程序了，他们随时随地都需要用到小程序。

小程序对企业的创收和运营者的未来发展产生了巨大的影响，目前小程序已经涵盖并满足了生活中大众的多种需求，小程序在人们日常生活中的主要使用情况如下。

（1）本地服务，如大众点评、美团外卖、饿了么等。
（2）网上商城，如京东商城、当当网、拼多多和蘑菇街女装精选等。
（3）理财投资，如天天基金、基金行情、中信信用卡和东方财富证券等。
（4）旅游出行，如携程、滴滴出行、摩拜单车等。
（5）游戏娱乐，如跳一跳、欢乐斗地主、头脑王者和坦克大战等。

如果你是个细心的人，你一定发现了身边的一些变化：越来越多的人使用大屏幕的智能手机，自己和身边的人在手机上花费的时间也越来越多，在候车、吃饭、走路，甚至上厕所时，随时都会见到各种小程序。

1.2.4 小程序成为又一营销利器

随着移动互联网的快速发展，以及智能手机便捷性的提高和功能的增强，手机逐渐成为营销的主流平台。在城市中生活的用户，有一半以上的人每天至少使用智能手机访问互联网一次。对于企业而言，手机便成为一种火爆的营销工具。

在小程序营销出现之前，也有不少其他的互联网营销模式，这些模式共同促进了营销行业的发展之路。随着互联网营销模式的发展，小程序营销的特点也日益显现。

1. 随时开展营销

小程序营销之所以能够深入人心，就在于随时服务所具有的极大的便利性，这是最为关键的部分。用户可以通过小程序进行网络下单，而运营者则可以通过小程序与用户交流，获取用户的意见及爱好、品位等信息。

小程序随时服务的表现形式简洁而且反应较快，符合大众的整体需求，而通过实质反馈所获得的顾客相关信息，对于产品大小、样式设计、具体定价等均有重要意义。

2. 营销灵活便捷

在灵活度上，小程序营销具备远超其他模式的便利性。例如，用户只需要扫描商家提供的二维码即可获得产品的相关信息。随着移动互联网的兴起，小程序营销成为销售的主要渠道之一。这不仅是因为小程序带来了巨大的流量，还在于手机移动终端的便捷性，能够为企业积累更多的用户，提升用户忠诚度和活跃度。

小程序在本质上属于一种实用性很强的工具，每部手机或多或少都有一些应用，用于帮助用户更便利地生活、学习和工作。

3. 全面展示信息

如何全面展示营销信息是营销者的苦恼之处，而小程序营销完美地解决了这个问题。小程序可以让用户在购买产品之前就感受到产品的魅力，进而可以通过产品来直接刺激用户的购买欲望。

第 1 章　20 个基础入门知识，迎接小程序推广时代

以"当当购物"小程序为例，在该小程序中，用户在查看某一产品时，不仅能直接购买该产品，还能在"商品详情"界面查看产品的详细信息。如图 1-2 所示为"当当购物"小程序的"商品详情"相关界面。

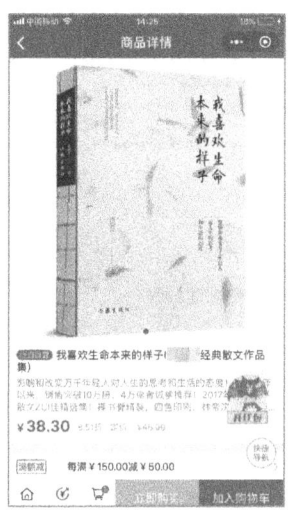 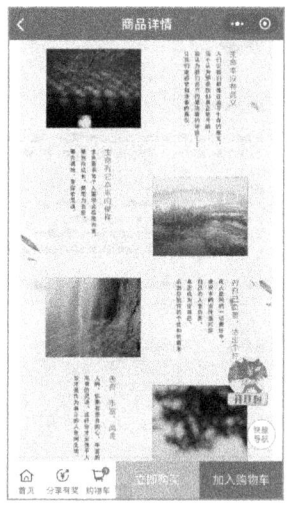

图 1-2　"当当购物"小程序的"商品详情"相关界面

1.3　小程序有哪些营销优势

小程序之所以值得运营者拥有，其中一个很重要的原因就是，它在运营推广方面拥有其他应用程序不具备的优势。也正因为如此，小程序获得了诸多运营者的青睐。

1.3.1　限制较少，人人可为

在小程序开放的众多功能中，最引人注目的无疑就是个人可注册和开发小程序这一项了。因为这就意味着，年满 18 周岁的用户只需要进行验证，便可以拥有属于自己的小程序；而且小程序的开发相对简单，这便让小程序变得人人可为了。

小程序的开发需要一定的技术，这就意味着运营者在开发小程序时需要投入一定的成本。但因为微信对其提供了开发支持，再加上小程序的开发比 App 和网页要简单一些，因此小程序的运营成本相对来说还是比较低的。

要使用这项功能，个人用户只需要在"小程序注册"界面的主题类型中选择

"个人"选项，并单击下方的"继续"按钮，如图 1-3 所示，就可以在填写和验证相关信息之后，获得个人的小程序。

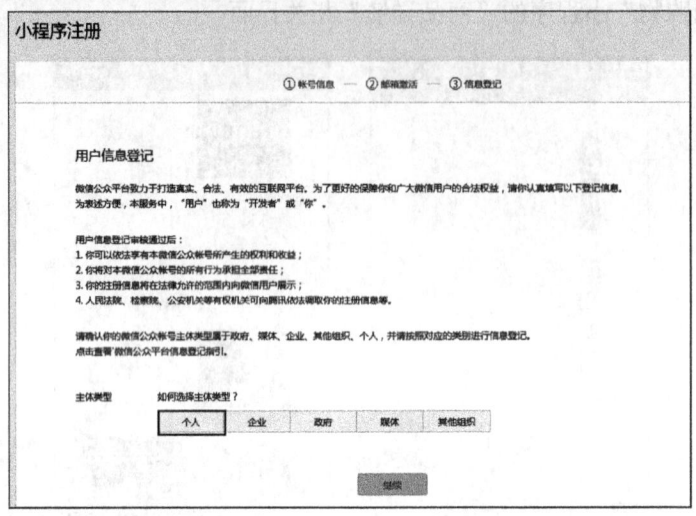

图 1-3 "小程序注册"界面

虽然小程序开发比较简单，但在开发的过程中，运营者不能掉以轻心，需要保证小程序的质量。因为在大多数情况下，同类小程序的数量比较多，如果你的小程序用得不舒服，用户就会选择其他的小程序。

1.3.2 获取便利，随时可用

目前 App 占用内存都较大，受网络速度和手机内存等限制，App 的使用就显得不那么方便了。

只有下载并完成安装，用户才能使用 App。所以，安装包的大小会对安装时间产生一定的影响。如图 1-4 和图 1-5 所示为在苹果手机上安装"国美"App 的相关界面，用户在单击图 1-4 中的"获取"按钮之后，系统会对"国美"App 进行下载；随后会显示下载进度，如图 1-5 所示。

在执行上述操作后，"国美"App 已进入下载和安装进程，但是，因为该 App 的安装包大小为 159.6MB，因此，在网速较快的情况下，该过程可能会在几分钟之内完成，而在网速不佳时，这个过程可能会超过 10 分钟。

而如果用户是通过小程序进入国美网上商城，只需❶在"小程序"界面输入"国美"进行搜索；❷在搜索结果中选择"国美商城"，如图 1-6 所示；在操作完成后，即可进入国美网上商城的首页，如图 1-7 所示。

第 1 章　20 个基础入门知识，迎接小程序推广时代

图 1-4　"国美"App 信息介绍界面

图 1-5　"国美"App 下载界面

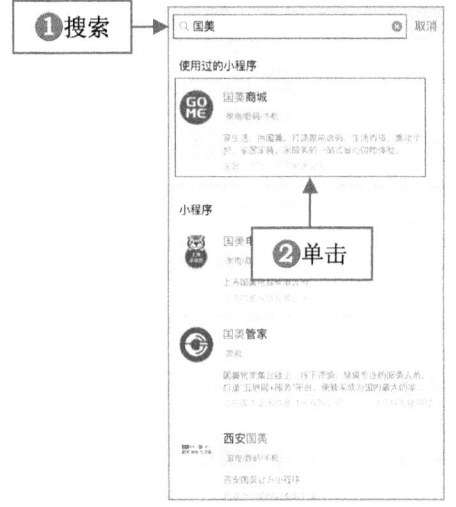

图 1-6　小程序中搜索"国美"

图 1-7　"国美商城"小程序首页

因此，相比于 App，小程序占用的内存空间比较小，基本上可无须安装和下载，随时可用。这一方面能够打破手机内存的限制，另一方面能够更好地适应人们日益加快的生活节奏。

1.3.3　功能强大，短小精悍

或许部分读者认为小程序相当于 App 的精简版，它与 App 之间还存在一定

的差距。但是作者认为，小程序基本可以媲美原生 App。之所以这样说，是因为无论是从基本功能，还是从页面加载速度来看，小程序都不比 App 差。接下来，作者就从这两个方面进行具体解读。

1. 功能强大

虽然小程序是轻应用，但是大多数小程序都已经具备了 App 的基本功能。以"拼多多"为例，如图 1-8、图 1-9 所示分别为"拼多多"小程序和 App 首页。

图 1-8 "拼多多"小程序首页

图 1-9 "拼多多"App 首页

从图 1-8 和图 1-9 可以看出，"拼多多"小程序和 App 的导航栏中都包括限时秒杀、品牌清仓、爱逛街和 9 块 9 特卖等，而页面下方的首页、新品、搜索、聊天和个人中心 5 个导航图标更是完全相同。从功能上看，小程序基本上与 App 具有相同的功能。

2. 加载速度快

小程序是基于微信开发的，有的用户对它的加载速度有些担忧。其实微信定制的浏览器已经对小程序进行了一些优化，小程序的页面流畅程度已经接近原生 App，部分小程序的页面流畅程度甚至超过了原生 App。

以"美团外卖"小程序为例。对于外卖类小程序，用户最担心的问题之一就是页面卡住，不能及时下单。而该小程序的页面加载速度可以说一点儿也不比 App 慢。

第 1 章　20 个基础入门知识，迎接小程序推广时代

例如，作者连接办公室的 Wi-Fi，进入"美团外卖"小程序的首页，可以看到一些附近的商家，如图 1-10 所示。而选择某一家店铺之后，页面又会快速进入该店铺，如图 1-11 所示，其加载速度由此可见一斑。

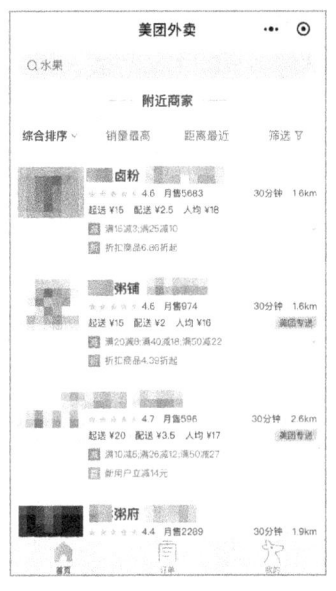

图 1-10　"美团外卖"小程序首页　　图 1-11　"美团外卖"小程序的点餐界面

因此，虽然从全部功能上来看，小程序可能并没有 App 那么强大，但是对于一些关键性的功能，小程序还是能够媲美 App 的。只要有心，小程序运营者便可以将小程序作为开展电商运营的重要工具，并以此为用户提供优质服务。

1.3.4　限制解除，功能完善

因为小程序定位为轻应用，所以微信官方最初对小程序代码包大小的限制为 1MB。这种限制虽然保证了小程序的"轻便"性，但同时也因为可施展空间有限，让小程序具备的功能与原生 App 存在一定的差距，进而使小程序在竞争中处于劣势。而随着新功能的开放，微信将小程序代码包大小的限制扩大至 4MB。

也就是说，小程序代码包可占用的内存增加了 3 倍。这就好比一个游乐场，如果只有 100 平方米的面积，它拥有的可能只是几个简单的项目；但是如果将其可用面积扩大至 400 平方米，那么它就可以在原来的基础上加入更多的项目，使娱乐内容更加丰富。

代码包大小限制的扩大也是同样的道理，当限制为 1MB 时，因为可用空间有限，运营者在小程序中只能呈现比较有限的内容。但是，当限制扩大至 4MB 时，留给开发者的可用空间大大增加，而开发者自然也就可以利用这些空间，更加全面地呈现信息。

小程序作为一种应用，最大的对手无疑是 App。与小程序相比，App 虽然占用的内存空间较大，但是也能为用户呈现更多的信息。因此，许多人仍将 App 作为移动端的购物首选。

随着代码包大小限制的扩大，开发者可以在小程序中大显身手。未来小程序将逐渐缩小与原生 App 在功能方面的差距，甚至有可能出现小程序功能比原生 App 还要强大的情况。

与 App 相比，小程序具有占用内存相对较小的优势，因此，在与 App 竞争的过程中，小程序可能会逐渐占据上风，更多顾客会转而使用小程序，小程序的用户数量也会出现显著增长。

1.3.5 插件功能，共享开发

2018 年 3 月 13 日，微信小程序开放小程序插件功能，这让小程序的开发具有了更多的可能性。对此，运营者可以通过如下操作，在"微信公众平台|小程序"后台，进行小程序的相关操作。

步骤 01 登录"微信公众平台|小程序"后台，❶单击左侧的"小程序插件"按钮；在跳转的页面中，❷单击"开通"按钮，如图 1-12 所示。

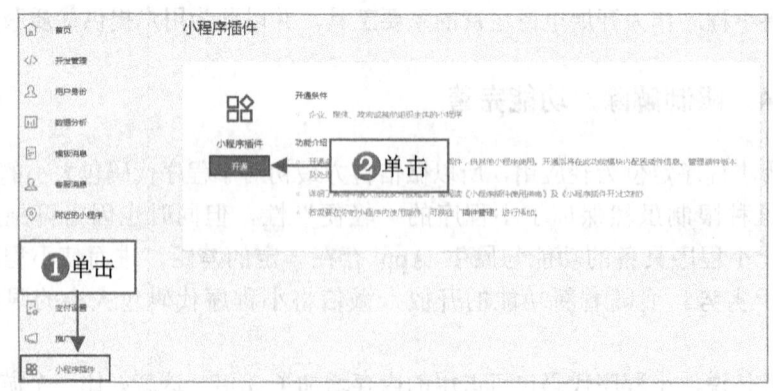

图 1-12 微信"小程序插件"界面

步骤 02 在操作完成后，❶进入"开通小程序插件"界面；❷完善小程序插件的相关信息；❸在信息设置完成后，单击下方的"提交"按钮，如图 1-13 所示。

第 1 章 20 个基础入门知识，迎接小程序推广时代

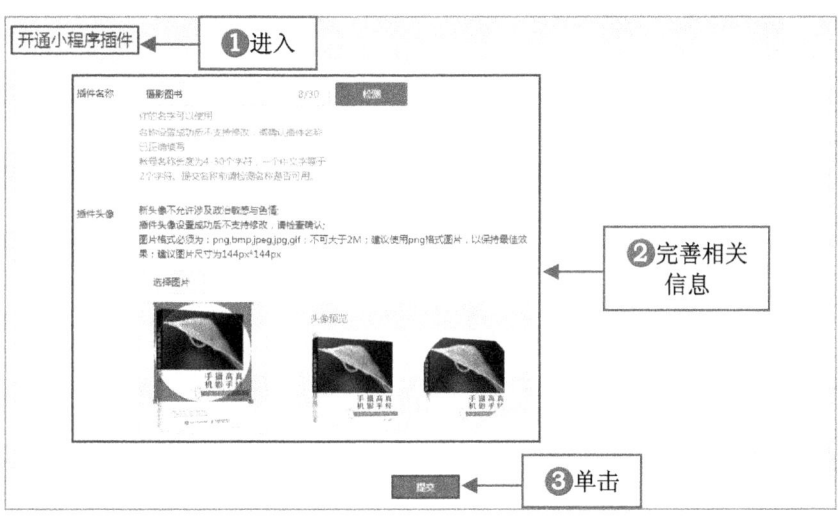

图 1-13 "开通小程序插件"界面

步骤 03 在执行操作后，小程序插件的初步设置便完成了，此时，如果运营者进入"基本设置"界面便可以看到刚刚提交的小程序插件，如图 1-14 所示。

图 1-14 "基本设置"界面

步骤 04 对服务器域名、Token 等进行设置并提交，小程序插件便可以为你所用了。

当然，除了自行开发设置小程序插件，运营者还可以使用他人开发的小程序插件，实现共享开发。具体来说，运营者只需❶进入如图 1-15 所示的"第三方服务"界面；❷单击"添加插件"按钮，便可进入如图 1-16 所示的"添加插件"界面，单击"添加"按钮，选择插件进行添加和使用。

微信小程序运营：创意设计+渠道布局+用户运营+营销转化

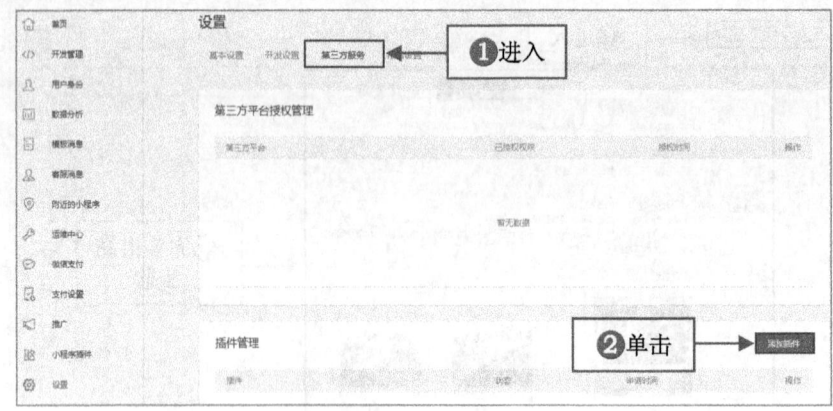

图1-15 "第三方服务"界面

图1-16 "添加插件"界面

1.3.6 微信搭台，潜力巨大

说起电商购物渠道，许多人首先想到的可能是淘宝、京东等电商平台。这些大牌电商平台经过多年的发展，既有名气，又有一定的人气，对于普通商家来说确实是一个不错的选择。而小程序的出现，则为商家开辟了一条新的线上购物渠道。另外，因为微信的搭台，这个新电商平台的潜力是十分巨大的。

2017年4月，企鹅智酷发布《2017 微信用户&生态研究报告》。该报告显示，2016年12月微信月活跃用户达到8.89亿人次。另外，2016年日均使用时长4小时及以上的用户数量为2015年的两倍，而2016年12月微信人均月使用时间则达到1967分钟，也就是说在这一个月内微信用户平均每天的使用时长将近4.7小时。

第 1 章　20 个基础入门知识，迎接小程序推广时代

而用户数量和使用时长又在一定程度上带动了消费的增长。据中国信息通信研究院统计，2016 年以来微信直接带动的信息消费达到 1742.5 亿元，再加上微信的支付和转账功能日趋成熟，只要运营者通过小程序介入微信，便可共享微信创造的"千亿元级市场"，其市场潜力不可谓不大。

虽然小程序的市场潜力巨大，但它的竞争也是比较激烈的，毕竟很多人都想从中占得一席之地。也就是说，小程序这块蛋糕是很大，但运营者究竟能从中分得多少，还得看个人的水平。

1.3.7　QQ 助力，打通增益

和微信一样，QQ 也是腾讯旗下的一款热门社交软件。虽然随着微信的发展，QQ 在社交软件中的地位有所动摇，但是，不可否认的是，目前仍有许多人在使用 QQ 进行社交活动。

而随着微信小程序的发展，QQ 也开始显露出与小程序合作的趋势。其中最明显的一点就是可用 QQ 账号登录小程序。接下来，作者就以"腾讯视频"小程序为例，进行简要的说明。

步骤 01　登录"腾讯视频"小程序，❶单击右下方的"我的"按钮，如图 1-17 所示，进入"个人中心"界面；❷单击用户已登录账号的头像；❸在弹出的对话框中，选择"切换 QQ 登录"，如图 1-18 所示。

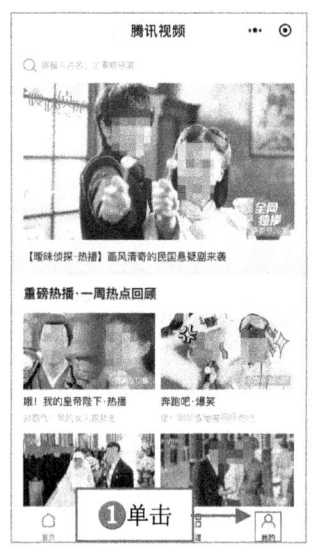

图 1-17　"腾讯视频"小程序首页

图 1-18　"个人中心"界面

步骤 02 在操作完成后,在"QQ 登录"界面中,❶输入 QQ 账号及其密码;❷单击"登录"按钮,如图 1-19 所示。

步骤 03 在执行操作后,返回"个人中心"界面,此时,头像变成了 QQ 头像,而观看历史显示的记录也变成了用 QQ 账号登录"腾讯视频"时观看过的视频,如图 1-20 所示。

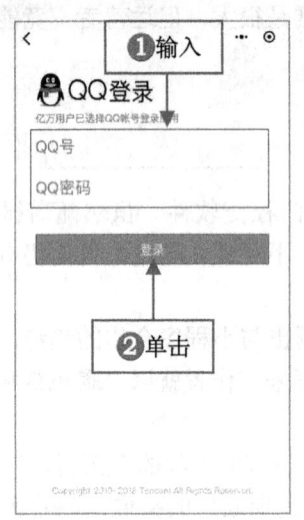
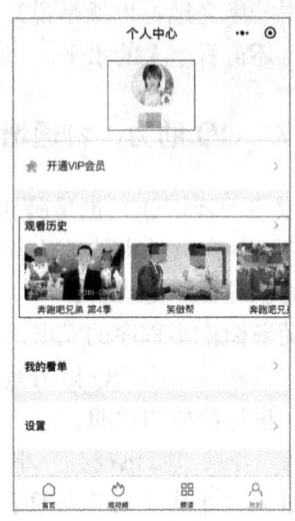

图 1-19 "QQ 登录"界面　　图 1-20 用 QQ 账号登录后的"个人中心"界面

虽然目前 QQ 对小程序的助力还仅限于账号切换,但这也是其对小程序的一种打通增益。毕竟 QQ 和微信都属于腾讯公司,相比于其他软件,QQ 与小程序的合作无疑具有更多的可能性。而这两款软件的强强联合,也将给小程序的发展带来更大的推动力。

1.3.8 第三方赋予新可能

小程序的开发本身就是一项技术活,而开发完成之后还要运营。针对这一问题,微信开放了授权第三方平台托管小程序的新功能,为小程序运营赋予了新的可能。

关于这项新功能,在"微信公众平台|小程序"中"工具"版块的"第三方平台"中进行了具体介绍,如图 1-21 所示。

值得一提的是,在得到授权之后,第三方平台可以帮助授权人进行小程序的开发和后期的运营管理。换句话说,在小程序的开发运营过程中,如果个人或企业觉得有负担,可以直接做"甩手掌柜"。

第1章 20个基础入门知识，迎接小程序推广时代

图 1-21　"第三方平台"界面

具体来说，在得到授权之后，第三方平台可以对小程序进行的操作包括配置小程序的服务器地址、模板消息、客服消息的开发管理，代码的开发、上传、提交和发布等。

1.4　小程序运营要多加小心

虽然小程序时代已经到来，运营价值也日益凸显，但是，在运营过程中仍存在很多需要注意的内容，主要表现在：位置错误会被投诉，诱导行为后果严重，用户隐私需要保护，以及内容须与业务一致。本节我们将分别对这些内容进行具体的解读。

1.4.1　位置错误会被投诉

"附近的小程序"是微信小程序的一个重要功能，无论对小程序用户还是运营者，这都是一个必须重点了解的功能。

对运营者来说，"附近的小程序"蕴含了无限商机，只要用得好，就能赚到钱。和微信"附近的人"功能相似，用户可以通过"附近的小程序"查看所在位置周围的小程序，具体操作如下。

在微信中进入"小程序"界面，该界面中将显示部分小程序的图标及附近的

小程序；单击界面中"附近的小程序"按钮，如图 1-22 所示；在执行操作后，进入"附近的小程序"界面，如图 1-23 所示。

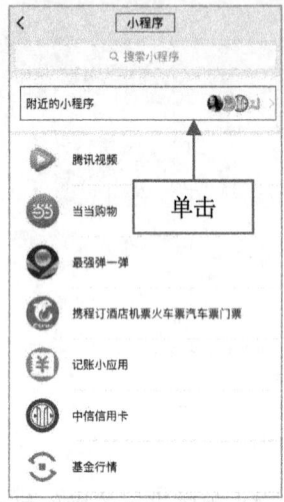

图 1-22 "小程序"界面　　　　　　　图 1-23 "附近的小程序"界面

从图 1-23 中可以看出，在该界面中是以使用者的位置到微信小程序运营商之间的距离进行排行的，距离越近，排在越前面。而用户如果想了解某个小程序的相关信息，只需单击该小程序即可，使用起来非常方便。

设置位置信息是为了让用户更准确地找到小程序的运营地址，运营者应注意不能滥用这个功能，胡乱填写地址，因为位置填写错误而可能会被用户举报。

因为小程序的位置是运营者自行设置的，而且可以设置 10 个位置，所以，部分运营者为了增加小程序的曝光率会填一些错误的地址。正因为如此，有的用户根据地址找不到对应的小程序。

针对这一情况，微信推出了地点报错功能。进入"附近的小程序"之后，用户只需长按对应小程序，就会出现一个"地点报错"的提示，如图 1-24 所示。而单击该提示，则可进入如图 1-25 所示的"投诉"界面，对位置错误的小程序进行投诉。

小程序一直以来都把为用户提供更好的使用体验，作为宣传的重点之一。而错误的地址，无疑会给用户带来非常糟糕的使用体验。《附近的小程序规范》还指出，"不得在与实际提供服务场所不一致的地点提供附近的小程序服务。"运营者对小程序的位置信息一定要足够重视。

第 1 章　20 个基础入门知识，迎接小程序推广时代

图 1-24　"地点报错"的提示　　　　　图 1-25　"投诉"界面

1.4.2　诱导行为后果严重

为了给用户提供更好的使用体验，微信小程序官方做出了许多努力，其中一点就是明确表示，不能在微信小程序的页面中诱导用户分享小程序。对此，微信在"微信公众平台|小程序"中的"运营规范"版块进行了说明，如图 1-26 所示。

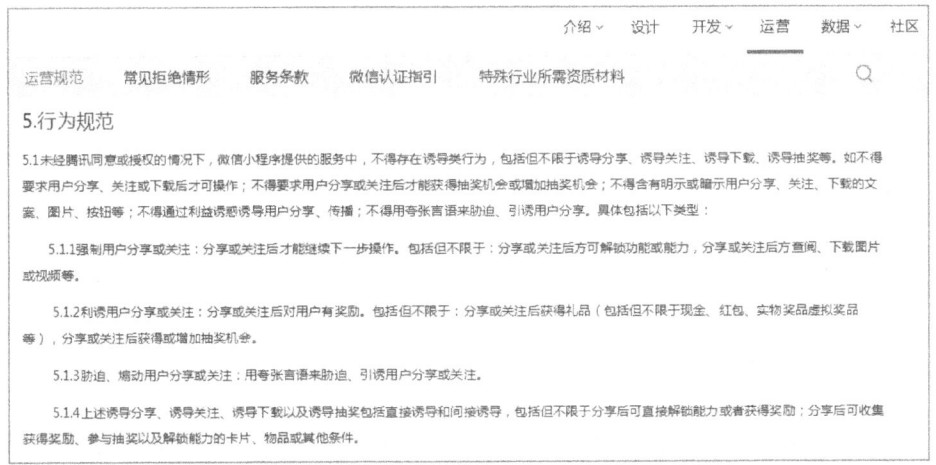

图 1-26　"运营规范"版块中关于诱导分享行为的说明

对此，作者个人的态度是不要为了推广小程序而尝试诱导用户分享。俗话说得好，"酒香不怕巷子深"，只要小程序本身足够好，终有一天会被用户接受，

运营者没必要冒险去尝试诱导分享。

1.4.3 用户隐私需要保护

密码作为一种重要凭证，无论是银行卡密码，还是账号登录密码，都需要保护好。而在微信小程序中，用户隐私也是非常重要的，运营者必须处理好用户隐私保护的问题。

这主要有两方面的原因，一方面，泄露用户隐私是一种违法行为；另一方面，微信小程序“运营规范”版块中的《用户隐私和数据规范》对与用户隐私相关的问题也做出了明确的规定，如图 1-27 所示。

13.用户隐私和数据规范

13.1数据收集和存储

13.1.1在采集用户数据之前，必须确保经过用户同意，并向用户如实披露数据用途、使用范围等相关信息。

13.1.2不得非法收集或窃取用户密码或其他个人数据。

13.1.3除非相关法律要求，或经用户同意，否则不得要求用户输入个人信息（手机号、出生日期等）才可使用其功能，或收集用户密码或者用户个人信息（包括但不限于，手机号、身份证号、生日、住址等）。

13.1.4若用户要求，你应该删除接收的所有关于该用户的数据，除非依据法律、法规你有权要求保留这些数据。

13.1.5若你终止使用微信小程序，则应立即删除从微信和微信小程序接收的所有用户数据。

13.2数据使用

13.2.1不允许向微信小程序其他用户或任何第三方显示用户微信号、名称、QQ、手机号、电子邮箱地址和出生日期等信息。

13.2.2不允许将用户微信号、名称、QQ、手机号、电子邮箱地址和出生日期等信息用于任何未经用户及微信平台授权的用途。

13.2.3不允许进行反射查找、跟踪、关联、挖掘、获取或利用用户微信号、名称、QQ、手机号、电子邮箱地址和出生日期等信息从事与微信小程序所公示身份无关的行为。

13.2.4不允许在未经用户明确同意、未向用户如实披露数据用途、使用范围等相关信息的情形下，复制、存储、使用或传输用户数据。

13.2.5通过微信接收的数据，需保持数据为最新并利用这些数据改善微信小程序的用户体验。

13.2.6未经腾讯公司授权或允许，不得将微信小程序的数据加入搜索引擎或目录，或将微信小程序搜索功能加入微信小程序。

图 1-27 《用户隐私和数据规范》中的相关规定

运营者一定要保护好用户的隐私，千万不能以身试法泄露用户隐私，否则，必将受到法律的制裁、微信的惩处及用户的反击。

1.4.4 内容须与业务一致

运营者在注册微信小程序时，需要对小程序的服务类目进行选择，虽然一个小程序可以选择多个服务类目，但运营者还是应该认真对待这件事情，不要乱选服务类目。

这主要有两个原因。一是在微信小程序的审核过程中，小程序的页面内容与所选的服务类目是否一致是重要的参考，如果页面内容与服务类目不符，小程序很可能无法通过审核。二是服务类目是小程序主要业务的一种表现形式，而且在"附近的小程序"中，也会根据小程序的服务类别对其进行分类。所以，当小程序服务类目与实际业务不一致时，会因为分类不准而失去部分目标用户。

例如，"星巴克用星说"小程序上线初期，在其服务类目一栏中显示了"生鲜"二字，而我们都知道，星巴克的主打产品一直以来都是咖啡，它与"生鲜"几乎没有关联，因此，它选择的服务类目是有问题的。好在不久之后，该小程序的运营者发现了问题，并进行了修改，如图 1-28 所示为"星巴克用星说"小程序服务类目的修改前后对比。

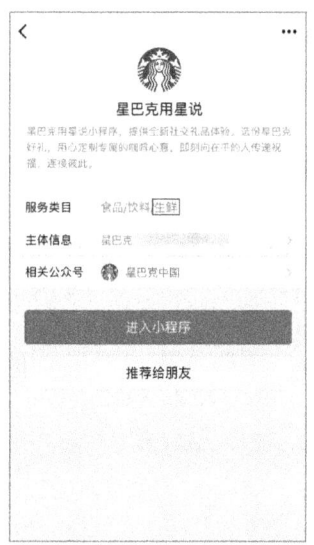 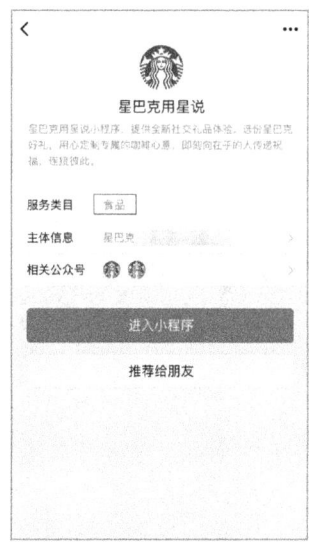

图 1-28　"星巴克用星说"小程序服务类目的修改前后对比

运营者可以根据自身需求选择服务类目，为了增加小程序的曝光率，运营者可以多选择几个服务类目，但应与实际服务内容相符。毕竟对于"挂羊头卖狗肉"的行为，无论是微信，还是用户，都不会支持。

第 2 章

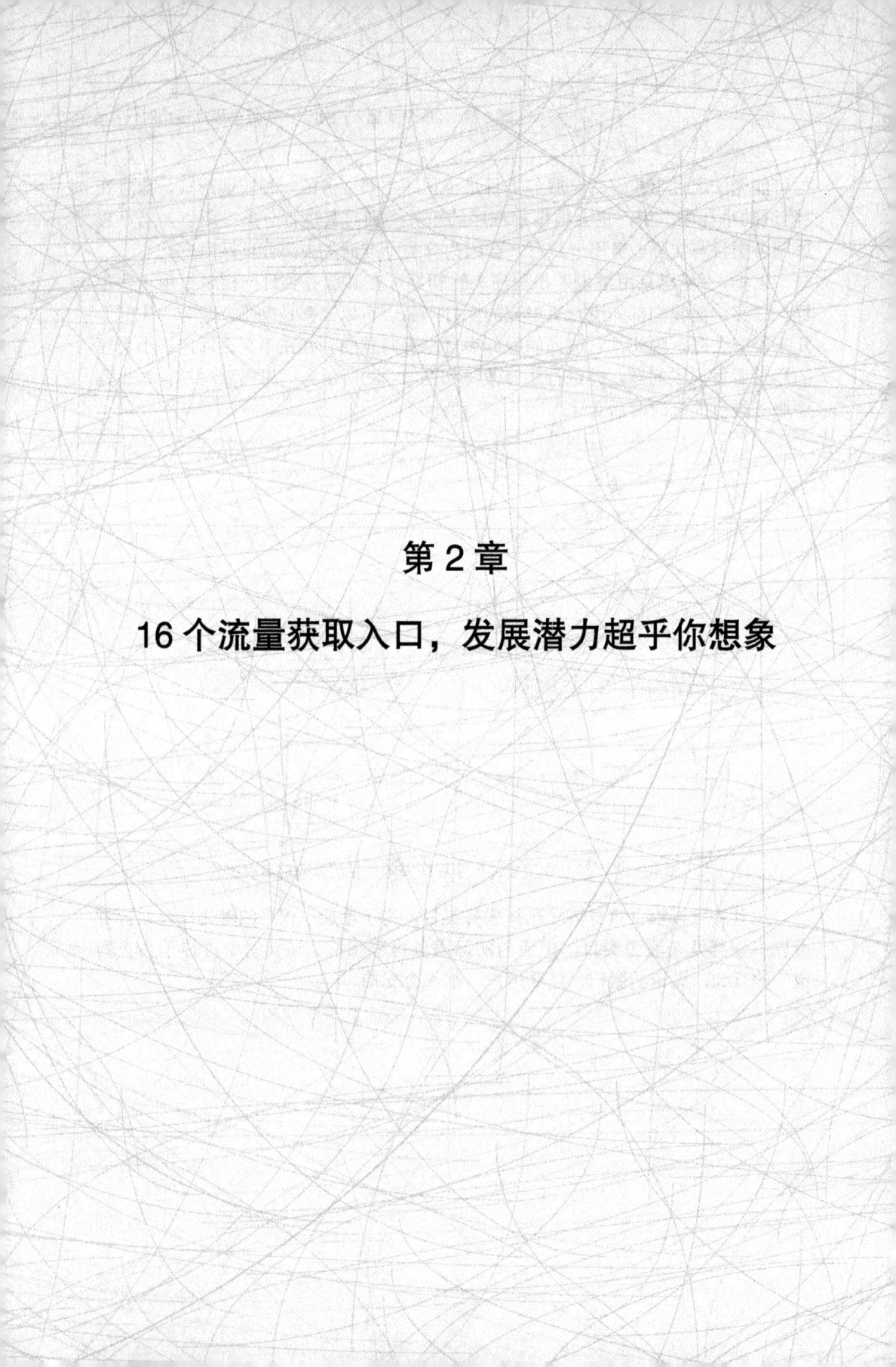

16 个流量获取入口,发展潜力超乎你想象

2.1 微信中小程序的天然入口

腾讯 CEO 马化腾曾经表示，小程序是腾讯在 2017 年的最大战略，没有之一。他这句话并不是空话，这一点从微信，乃至腾讯对小程序的支持力度上可以看得出来。要说微信对小程序的支持，就不得不提微信给小程序提供的天然入口。

2.1.1 可下载的小程序二维码

与其他应用相比，微信小程序推广最大的优势之一就是可以利用二维码直接提供小程序入口。也就是说，用户无须搜索小程序名称，只要在运营者亮出二维码之后，用微信"扫一扫"进行识别便可以进入小程序。而运营者又是可以直接下载小程序二维码的，这给二维码入口引流提供了极大的便利。

纵观人们的日常生活，微信"扫一扫"可以说扮演着越来越重要的角色。从微信好友，到微信支付，只要手机在身上，人们便可以通过扫码做很多事。微信"扫一扫"给人们带来越来越多的便利，与此同时，人们也越来越习惯通过扫码来完成一些事。

在这种情况下，二维码势必会成为用户进入小程序的重要途径。因此，扫码线下推广对于微信小程序运营者的意义将日益重大，那么，应如何进行扫码线下推广呢？

运营者可以进入微信小程序后台，在"设置"版块中，单击"下载更多尺寸"按钮，如图 2-1 所示。

图 2-1 微信小程序后台的"设置"版块

微信小程序运营：创意设计+渠道布局+用户运营+营销转化

在操作完成后，进入如图 2-2 所示的"更多尺寸"界面，选择某一尺寸，单击 图标，即可下载小程序二维码。

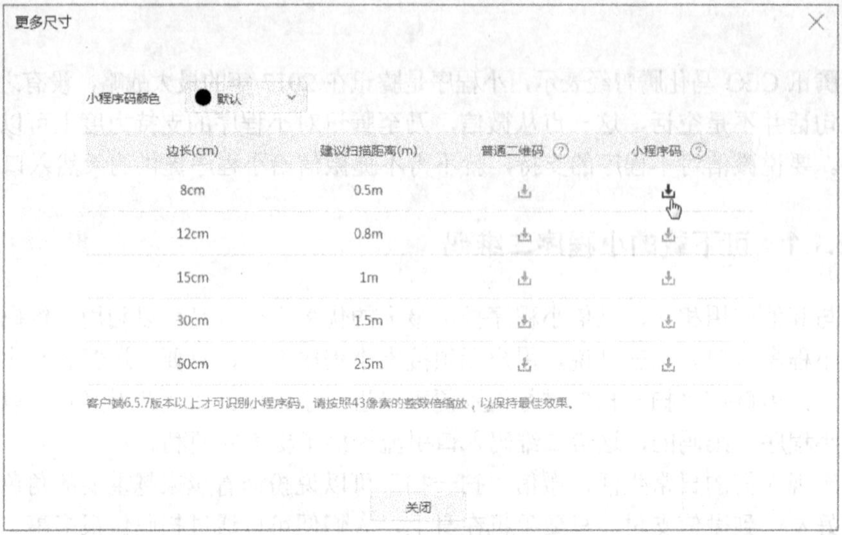

边长(cm)	建议扫描距离(m)	普通二维码	小程序码
8cm	0.5m	⬇	⬇
12cm	0.8m	⬇	⬇
15cm	1m	⬇	⬇
30cm	1.5m	⬇	⬇
50cm	2.5m	⬇	⬇

客户端6.5.7版本以上才可识别小程序码，请按照43像素的整数倍缩放，以保持最佳效果。

图 2-2 "更多尺寸"界面

在下载小程序二维码后，小程序运营者可以将二维码放在显眼位置，并对扫码可进入的微信小程序及小程序可以给用户带来的便利进行简单说明。为了增强推广效果，小程序运营者可以通过增加二维码数量和进行有针对性的推广等方式，让更多用户获取该二维码。

利用二维码为用户提供小程序入口的关键在于，要让用户愿意扫码。对此，自媒体重点需要把握两点，一是将二维码放在显眼位置，让用户一眼就可以看到；二是给出一定的好处，增加扫码率。

2.1.2 聊天信息就能提供入口

小程序都设置了分享功能，小程序运营者只需在聊天过程中，将小程序进行分享，便可将小程序发送给微信好友或微信群成员，为其提供进入小程序的入口。

通过聊天进行分享是小程序最重要的传播方式之一，具体操作如下。

步骤 01 ❶进入小程序，单击左上方的 ••• 按钮，如图 2-3 所示；❷在执行操作后，页面中弹出对话框；❸单击对话框中的"转发"按钮，如图 2-4 所示。

第 2 章　16 个流量获取入口，发展潜力超乎你想象

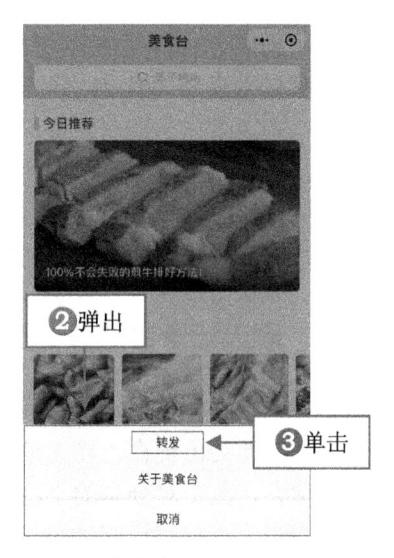

图 2-3　••• 按钮　　　　图 2-4　对话框中的"转发"按钮

步骤 02 在执行操作后，❶进入"选择一个聊天"界面；在该界面中选择需要转发的对象，❷页面中将弹出"发送给："对话框；❸显示发送对象；❹单击"发送"按钮，如图 2-5 所示。

步骤 03 在完成操作后，在分享对象的聊天信息中，将生成一个小程序卡片，如图 2-6 所示。对方只需单击该卡片，便可以进入运营者分享的小程序。

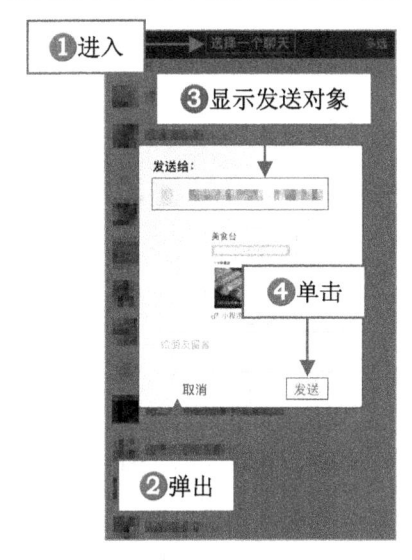

图 2-5　选择转发对象　　　　图 2-6　转发完成

－ 25 －

分享小程序，特别是在微信群中分享小程序时，因为群成员中可能会有一些对自媒体运营者不是太熟悉的人，这部分人可能会对分享小程序的行为表现出反感。

对此，小程序运营者可以采用一定的技巧将分享这种硬推广尽可能地转化为软推广。例如，在分享时注意结合微信群中的热议话题，让小程序与该话题产生联系，将推广变成帮微信群成员解决相关问题的行为。

2.1.3 聊天记录自动留下痕迹

微信有记录小程序的功能，只要将小程序成功分享给微信好友或分享到微信群中，小程序便会出现在"聊天信息"中的"聊天小程序"一栏，而且这种记录还将长久留存，免费对分享的小程序进行推广，并提供入口。

具体来说，小程序运营者可以在微信群的聊天记录中执行以下操作，为小程序提供入口。

步骤 01 登录小程序，❶将需要被记录的微信小程序分享到微信群中，如图 2-7 所示；❷单击🧑图标；❸进入"聊天信息"界面；❹找到"聊天小程序"一栏并单击，如图 2-8 所示。

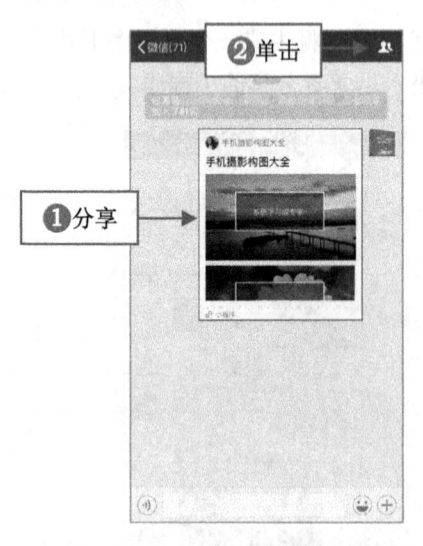

图 2-7 将小程序分享至微信群　　　图 2-8 "聊天信息"界面

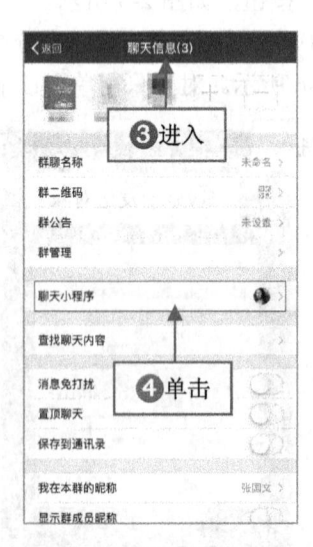

步骤 02 在执行操作后，❶进入如图 2-9 所示的"聊天小程序"界面；❷单击目标小程序，如"手机摄影构图大全"；在操作完成后，❸便可直接进入小程序默认界面，如图 2-10 所示。

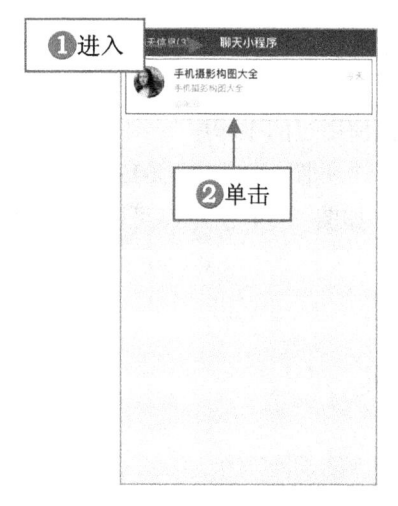

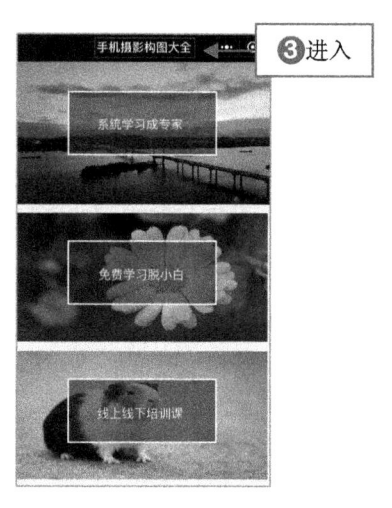

图 2-9 "聊天小程序"界面　　　　图 2-10 进入相应的小程序

2.1.4 下拉聊天界面出现入口

不太关注小程序更新动态的自媒体运营者可能不知道,微信聊天界面中也提供了一个小程序入口。只是这个入口并不是直接呈现出来的,需要通过一定的操作才能看到。

2017 年 12 月下旬,微信再次对微信小程序进行了更新升级。经过此次更新升级后,进入如图 2-11 所示的微信消息列表界面,下拉屏幕,屏幕上方就会出现小程序任务栏,如图 2-12 所示。

图 2-11 微信消息列表界面　　　　图 2-12 下拉屏幕后出现小程序任务栏

小程序任务栏中会出现近期用户使用过的小程序，而用户只需单击某个小程序的图标便可以直接进入，如果近期使用的小程序比较多，部分小程序未出现，用户还可以通过向左滑动屏幕的方式，查看其他使用过的小程序。

将小程序任务栏滑至最右端之后，会出现一个 ··· 图标，如图 2-13 所示。用户如果单击 ··· 图标就可以进入"小程序"界面，如图 2-14 所示，可以查找小程序或查看附近的小程序。

图 2-13　··· 图标　　　　　　　　图 2-14　进入"小程序"界面

2.1.5　在用户附近会自动显示

微信中设置了专门的"附近的小程序"版块，在该版块中，微信用户可以看到自己所处位置附近的小程序。也就是说，只要小程序运营者设置的小程序位置在目标用户附近，就相当于为用户提供了一个进入小程序的入口。

在微信的"发现"界面中提供了"小程序"入口，单击该入口的对应按钮之后，便可进入"小程序"界面，而单击该界面中的"附近的小程序"一栏，则可在"附近的小程序"界面看到用户附近的小程序，运营主体与用户之间的距离也将显示出来。

而这些附近的小程序，又是只要单击便可进入的，相当于多了一个天然的入口。

需要特别注意的是，虽然"附近的小程序"对于小程序运营者来说是一个引流入口，但是，在设置小程序位置时，运营者应当实事求是，不能为了让更多人看到就胡乱设置位置，因为对于错误的位置信息，用户有权向微信官方进行投诉。

2.1.6 知道名称即可搜索得到

微信为用户提供了多个小程序搜索入口，例如，微信"搜一搜"、小程序搜索栏等。只要用户知道小程序名称或者小程序名称中的关键字，并将其输入到这些搜索栏中，便可以进入该小程序。例如，用户可以通过"搜一搜"功能进入微信小程序平台，具体操作如下。

步骤 01 ❶进入微信的"发现"界面；❷单击"搜一搜"按钮，如图 2-15 所示；❸在执行操作后，进入如图 2-16 所示的"搜一搜"界面；❹在搜索栏中输入小程序名称，然后进行搜索。

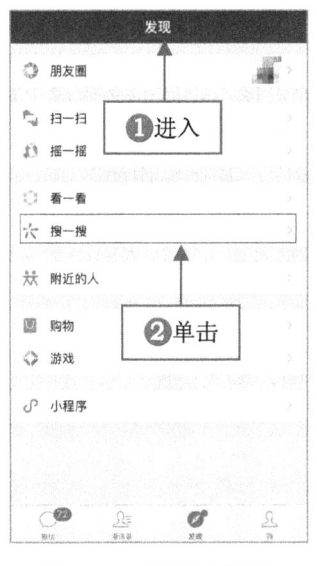

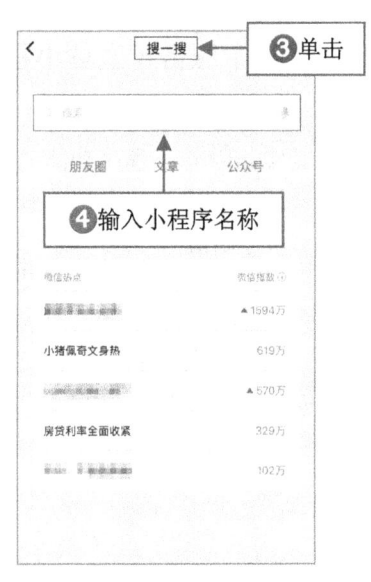

图 2-15 "发现"界面　　图 2-16 "搜一搜"界面

步骤 02 例如，在搜索"王者荣耀"时，会进入如图 2-17 所示的"王者荣耀"搜索结果界面，在搜索结果中，单击小程序版块的选项，便可以直接进入目标小程序的首页，如图 2-18 所示。

对于搜索栏这个入口，小程序运营者要想充分利用，还得通过营销推广来实现，让用户对小程序有所认知，记住小程序的名称。只有这样，目标用户才能通过名称搜索进入小程序平台。

图 2-17 "王者荣耀"搜索结果界面 　　图 2-18 "王者荣耀"小程序首页

2.1.7 搜索服务可直达小程序

要搜索小程序,最直接的方式无疑就是搜索该小程序的名称或名称中的某些关键词。其实,随着小程序功能的不断开放,搜索的功能也变得日益强大。除了搜索名称,还可以通过搜索相关服务直达小程序,具体操作如下。

步骤 01 进入微信的"搜一搜"界面,在搜索栏中输入需要查询的服务。如图 2-19 所示为搜索"快递"的相关结果。从图中不难看出,在该界面中显示了"快递—快递服务"一栏。

步骤 02 在"快递—快递服务"一栏中单击需要的服务。例如,单击"查快递"按钮,便可进入如图 2-20 所示的"查快递"界面,输入快递单号,便可进行查询。

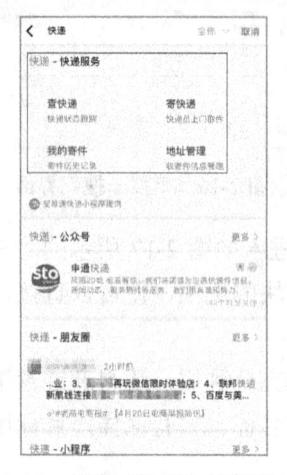

图 2-19 搜索"快递"的相关结果 　　图 2-20 "查快递"界面

- 30 -

当然，需要说明的一点是，小程序的"功能直达"尚处于内测阶段，只有部分收到内测邀请的运营者才可以使用该功能。

2.1.8 朋友圈广告的花式推广

在小程序上线之初，微信对于小程序在朋友圈营销的行为是有些抵触的，其中最直接的一点就是小程序不能直接分享至朋友圈。而随着小程序的发展，小程序在朋友圈的推广也变得多样起来。

小程序在朋友圈的推广方式主要有 2 种。

一种是将小程序二维码分享至微信朋友圈，让用户扫码进入。如图 2-21 所示为"有车以后"小程序的朋友圈广告，用户只需长按识别图中的二维码，便可以进入如图 2-22 所示的"有车以后"小程序首页。

图 2-21　"有车以后"小程序的朋友圈广告　　图 2-22　"有车以后"小程序首页

另一种是在微信朋友圈的广告中提供一个进入小程序的链接，用户只需单击该链接，便可直接进入小程序。虽然这种朋友圈广告的推广效果通常比较好，但需要支付一定的费用。

以上两种小程序在微信朋友圈的推广方式虽有所不同，但无论哪种方式，都可以为用户进入小程序提供一个入口，为小程序的推广助力。至于要选择哪种推广方案，小程序运营者只需根据自身需求决定即可。

2.2 关联公众号获得额外奖励

对小程序运营者来说，在微信平台推广微信小程序时，二维码主要提供线下入口，而分享功能则是将小程序分享给微信好友或分享到微信群中。那么，如何能在线上将小程序推荐给更多陌生人呢？此时，就需要用到公众号了。只要小程序运营者将小程序与公众号进行关联，便可以拥有几个额外入口。

2.2.1 图文消息链接可直达

运营过公众号的自媒体人应该都知道，在公众号图文信息的编辑过程中是可以设置超链接的。小程序同样可以以超链接的方式出现在微信公众号的图文信息中。运营者只需进行如下操作便可让用户在公众号的图文消息中打开小程序。

步骤 01 ❶进入微信公众平台的"创建图文消息"界面，将鼠标停留在需要插入小程序链接的位置；❷单击右侧的 小程序 按钮，具体如图 2-23 所示。

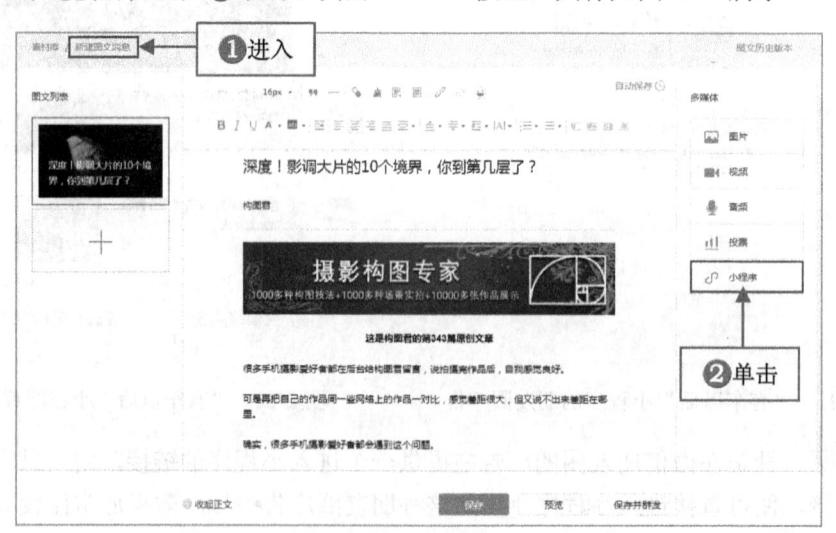

图 2-23 "创建图文消息"界面

步骤 02 在执行上述操作后，❶进入"选择小程序"界面；❷运营者需要在该界面中勾选已关联的小程序；❸单击下方的"下一步"按钮，具体如图 2-24 所示。

第 2 章 16个流量获取入口，发展潜力超乎你想象

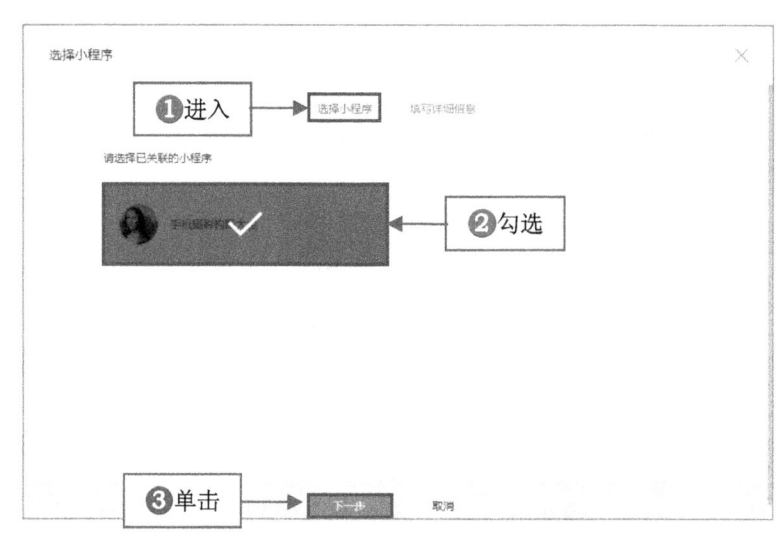

图 2-24 "选择小程序"界面

步骤 03 在完成操作后，❶进入"填写详细信息"界面；❷在该界面选择展示方式，完善相关信息；❸单击下方的"确定"按钮。如图 2-25 所示为"填写详细信息"界面。

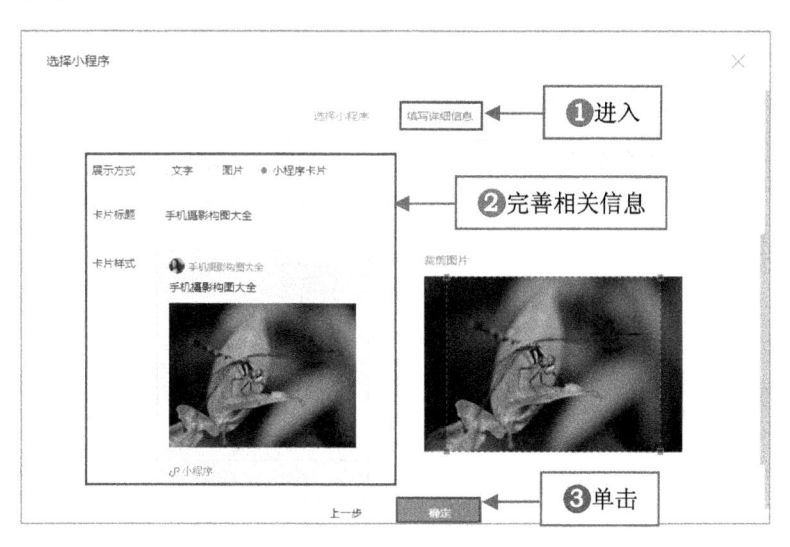

图 2-25 "填写详细信息"界面

步骤 04 在完成上述操作后，插入小程序的位置将出现小程序卡片及输入的文字信息，如图 2-26 所示。

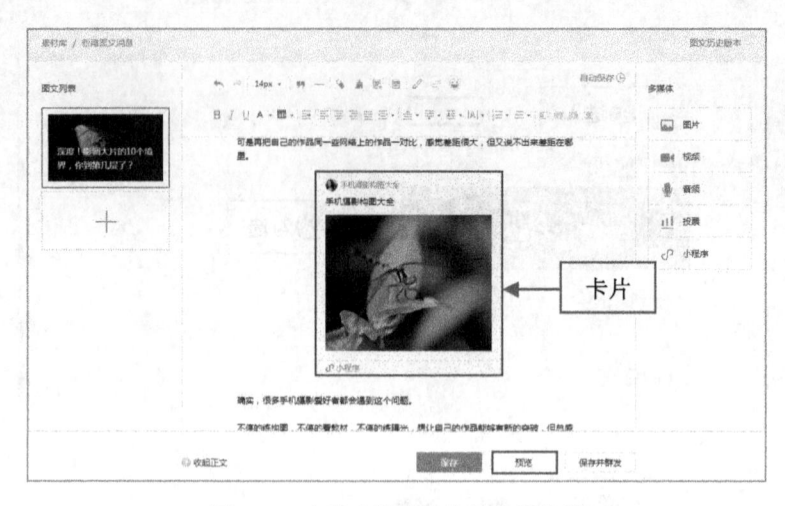

▶▶ 微信小程序运营：创意设计+渠道布局+用户运营+营销转化

图 2-26　出现小程序卡片及文字信息

如果运营者想要查看小程序卡片的添加效果，可以单击图 2-26 中的"预览"按钮。在操作完成后，微信公众号中将出现想要预览的文章，如图 2-27 所示，单击该文章，即可进入如图 2-28 所示的图文预览界面。在预览时可以看到小程序卡片，只需单击该卡片便可以直接进入链接的小程序。

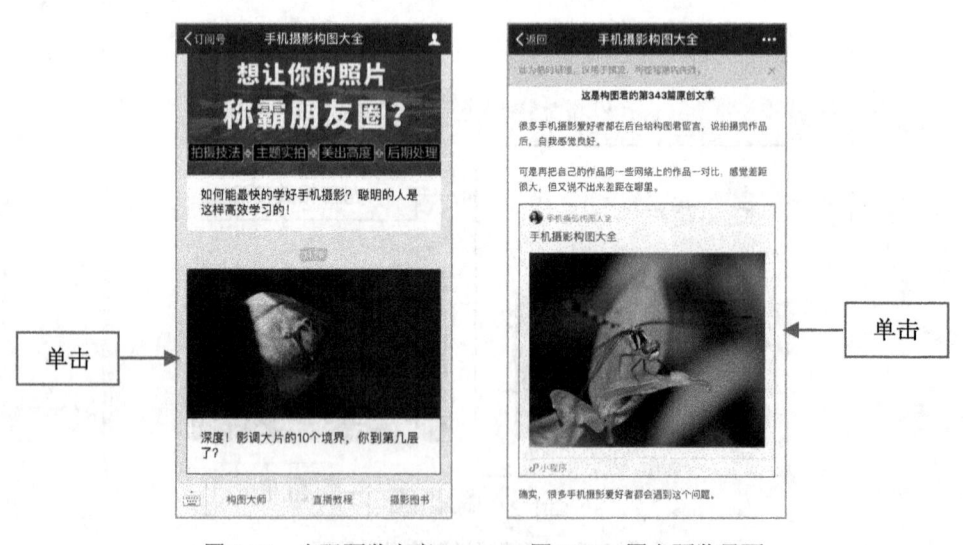

图 2-27　出现预览文章　　图 2-28　图文预览界面

● 2.2.2　菜单栏实现直接跳转

在小程序关联微信公众号后，小程序运营者可以在微信公众号菜单栏中插入

- 34 -

小程序链接。只要用户单击该链接,便可以进入小程序,这无疑在公众号中增加了一条进入小程序的途径。小程序运营者可以在微信公众号后台,通过如下操作对公众号菜单栏进行设置,在菜单栏中提供小程序入口。

步骤 01 在微信公众号后台的"自定义菜单"界面中,❶单击"＋"图标,增加"小程序"选项;在右侧的"跳转小程序"版块中,在"子菜单栏名称"一栏中,❷输入"小程序";❸在"子菜单栏内容"一栏中,选择"跳转小程序"选项;❹单击"选择小程序"按钮,具体如图2-29所示。

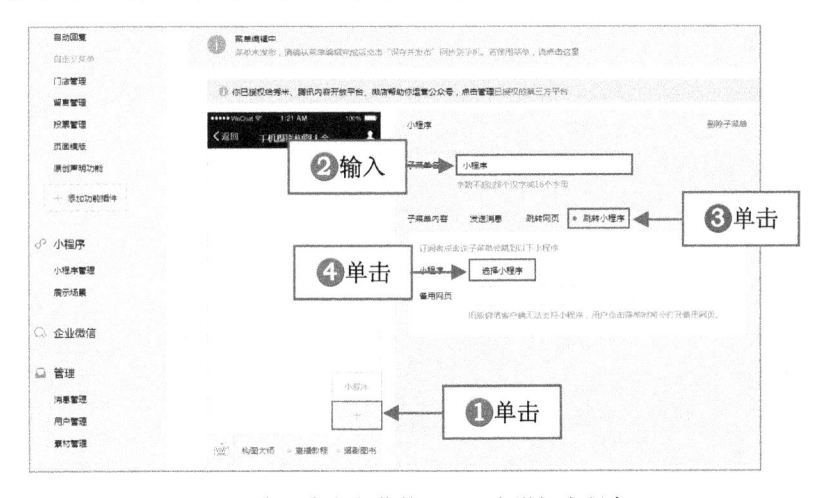

图2-29 在"自定义菜单"界面中增加小程序

步骤 02 在执行操作后,❶进入"选择小程序"界面;❷勾选需要关联的小程序;❸单击下方的"确定"按钮,如图2-30所示。

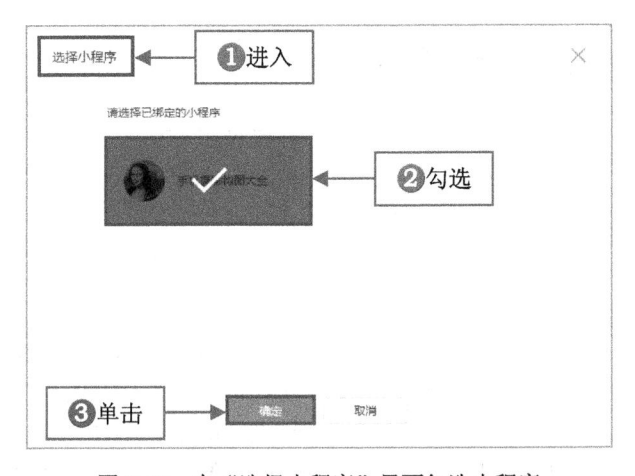

图2-30 在"选择小程序"界面勾选小程序

> 微信小程序运营：创意设计+渠道布局+用户运营+营销转化

步骤 03 在操作完成后，在"小程序路径"一栏中，将出现链接的小程序页面路径，如图 2-31 所示。小程序运营者只需单击下方的"保存并发布"按钮，便可以将调整后的菜单栏运用于公众号，公众号粉丝只需单击菜单栏中的"小程序"，便可以进入小程序。

图 2-31 出现小程序路径

需要特别注意的是，与许多小程序入口的设置不同，在公众号菜单栏中增加小程序链接是不需要微信另行审核的。所以，只要小程序运营者有想法，便可以马上进行关联，其便利性不言而喻。

● 2.2.3 介绍界面的互相引导

对关联了小程序的公众号来说，用户可通过主体信息介绍界面的图标，实现公众号与小程序的互相跳转。只要公众号与小程序建立了关联，便能以主体介绍界面为桥梁，实现二者的互相跳转。

以"今日头条"公众号和"今日头条"小程序为例，用户可以通过如下操作互相跳转。

步骤 01 以"今日头条"公众号为例，用户进入该公众号的默认界面后，单击右上方的 图标，如图 2-32 所示，即可进入该公众号的信息介绍界面，在该界面中找到"相关小程序"一项；在该公众号关联的小程序中，单击"今日头条"小程序图标，如图 2-33 所示。在操作完成后，便可以直接进入"今日头条"小程序。

图 2-32 "今日头条"公众号默认界面 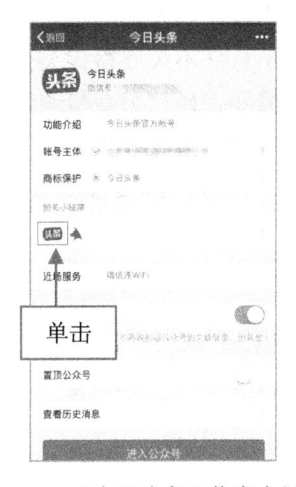　　图 2-33 "今日头条"信息介绍界面

步骤 02 在进入"今日头条"小程序后，❶单击 图标，并在弹出来的选项框中❷选择"关于今日头条"选项，如图 2-34 所示，便可进入如图 2-35 所示的界面；在该界面中，用户只需❸单击"今日头条"公众号图标，便可以直接进入该公众号。

图 2-34 "关于今日头条"选项 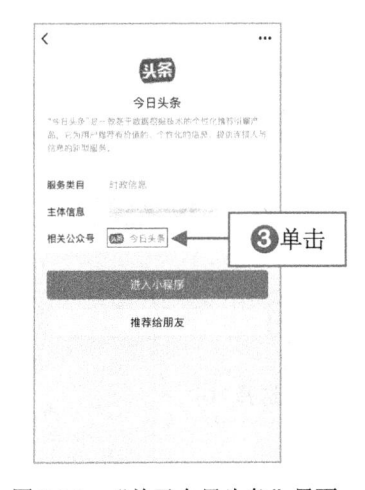　　图 2-35 "关于今日头条"界面

2.2.4 关联完成即通知用户

对小程序运营者来说，小程序与公众号的关联可谓至关重要。这不仅因为在

关联之后，可以让公众号粉丝了解关联的小程序，更关键的一点在于，微信公众号中进入小程序的入口，都建立在这种关联之上。

如果小程序不关联微信公众号，便相当于放弃了几个进入小程序的入口。关联小程序需要在微信公众号中进行，具体来说，小程序运营者可以通过如下操作在微信公众号中关联小程序。

步骤 01　❶进入微信公众号后台；❷单击左侧菜单栏中的"小程序管理"按钮；同一个公众号可以关联多个小程序，对于已经关联了小程序的公众号，❸可以单击右侧的"添加"按钮，如图2-36所示。

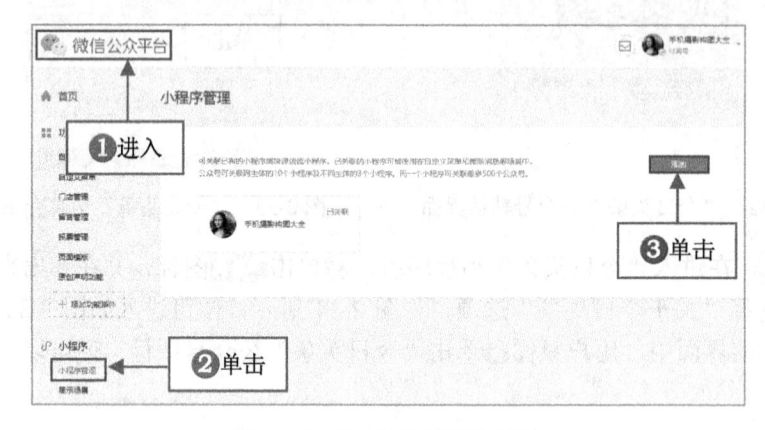

图2-36　"小程序管理"界面

步骤 02　在执行操作后，❶进入"添加小程序"界面；❷选择"关联小程序"按钮，如图2-37所示，便可以通过提示完成公众号对小程序的关联。

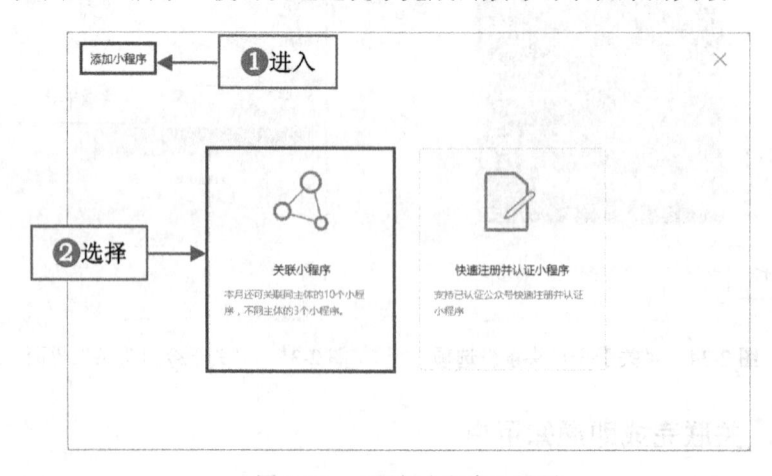

图2-37　"添加小程序"界面

步骤 03 在完成小程序关联公众号后,可以在微信公众号中向粉丝发送一条关联通知,如图 2-38 所示。用户只需单击该关联通知便可以进入该公众号关联的小程序。另外,在完成关联之后,在手机端查看公众号主体信息时,可以看到"相关小程序"一栏,如图 2-39 所示,用户只需单击图标便可以进入对应小程序。

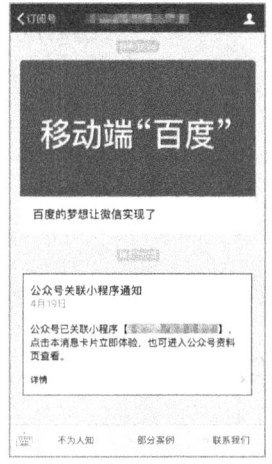

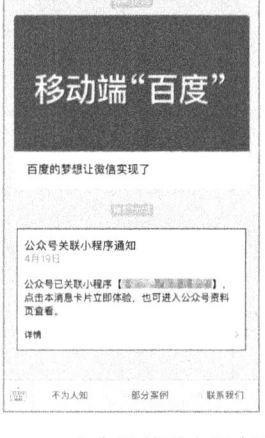

图 2-38 公众号关联小程序通知　　图 2-39 公众号主体信息界面

另外,虽然每个公众号每天只能推送一条图文消息,但是运营者不必担心发送关联小程序通知会影响正常的消息推送,因为该通知是不占用每天的推送名额的。

2.2.5 落地页广告自我宣传

随着微信小程序功能的开放,进入微信小程序的入口越来越多,2017 年 12 月,小程序又增加了公众号落地页广告这一入口。值得一提的是,微信小程序运营者可以自行添加微信公众号落地页广告,具体操作如下。

步骤 01 登录微信公众平台,❶进入"广告主"界面;❷单击"公众号广告",进入"公众号广告"页面;❸单击"新建广告"按钮,如图2-40所示。

步骤 02 ❶进入"创建广告"界面;❷选择"推广目标"为"电商推广",选择"广告位置"为"底部广告";❸单击"确定"按钮,如图2-41所示。

步骤 03 根据系统指示,对投放广告的相关信息进行填写,便可以得到公众号落地页广告,效果如图2-42所示。

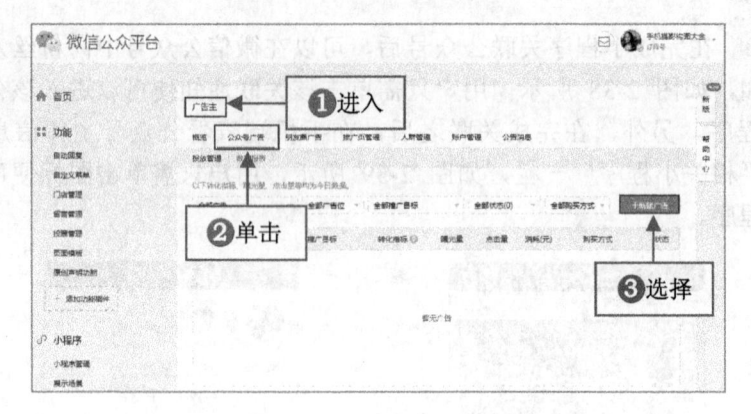

▶▶ 微信小程序运营：创意设计+渠道布局+用户运营+营销转化

图 2-40 "广告主"界面

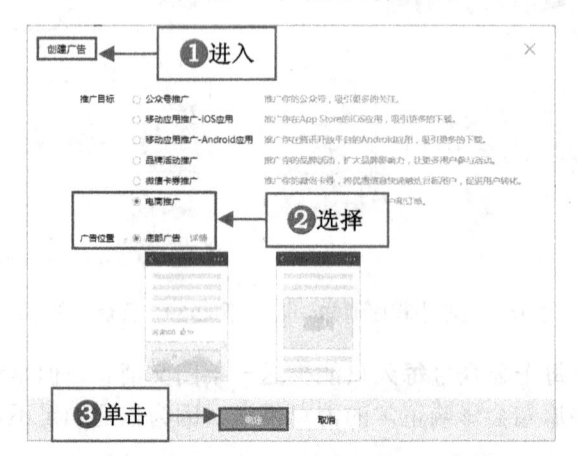

图 2-41 "创建广告"界面

图 2-42 公众号落地页广告效果

- 40 -

2.3 这些外援也可助一臂之力

提到小程序的入口，大多数人首先想到的可能是微信。确实，微信为小程序提供了大量入口，这一点在本章前三节中已经进行了说明。其实，除了微信，还有几个入口是小程序运营者必须重点把握的，本节作者就来进行具体说明。

2.3.1 免费 Wi-Fi 提供入口

继百度搜索、微信、App、直播、二维码等入口后，商用 Wi-Fi 被视为又一大移动互联网流量入口，不论是互联网巨头，还是运营商、创业者，都纷纷把目光转向了这个新的移动社交入口。

其实，小程序也可以通过 Wi-Fi 设置入口。小程序运营者在提供的免费 Wi-Fi 中，通过广告等方式实现霸屏推广，用户单击对应内容便可以直接进入小程序。

对于小程序运营者来说，不但可以利用免费 Wi-Fi 宣传微信小程序，吸引附近人群进店消费，还可以通过免费 Wi-Fi 来推送优惠卷、促销信息等引导顾客进行二次消费。具体来说，小程序运营者可以通过两种方式来借助 Wi-Fi 的力量为用户提供小程序入口，接下来作者就分别进行解读。

1. 万能钥匙链接

为了免费使用更多 Wi-Fi，许多人都会在自己的手机中下载诸如"Wi-Fi 万能钥匙"之类的 App。所以，如果运营者能够与这些 App 取得合作，便可以实现 Wi-Fi 广告营销。

对小程序运营者来说，可以通过链接跳转至小程序的介绍界面，提供小程序的名称、二维码和具体内容，让用户可以快速进入和了解小程序，也可以通过链接直接跳转至小程序页面，让用户单击广告便可进入小程序。

2. 霸屏广告推广

Wi-Fi 营销的常见模式为用户单击免费 Wi-Fi 之后，等待一小段时间，查看广告后便可以连接该 Wi-Fi。而在此过程中，查看广告的时间便成为小程序运营者推广小程序的时间。

对此，小程序运营者可以通过相关平台，提供免费 Wi-Fi，从而通过广告，在用户连接免费 Wi-Fi 时，进行小程序霸屏推广。

2.3.2 分享 App 获得入口

2018年1月，微信小程序迎来重磅更新，其中一个新增功能特别引人注目，那就是通过微信聊天界面，可以实现由 App 到小程序的跳转。在此次更新之后，小程序运营者可以借助微信，实现 App 到小程序的跳转。以"腾讯视频"为例，具体操作如下。

步骤 01 进入需要分享的 App 界面，❶单击 图标；❷在弹出的对话框中选择"微信好友"，如图 2-43 所示。

步骤 02 在操作完成后，进入"选择一个聊天"界面，选择分享对象，与此同时，❶界面中将弹出"发送给："对话框；❷在该对话框将显示分享对象，还可以给分享对象留言；在执行操作后，❸单击该对话框右下方的"发送"按钮，如图 2-44 所示。

图 2-43 "腾讯视频"App 的相关界面　　图 2-44 弹出"发送给："对话框

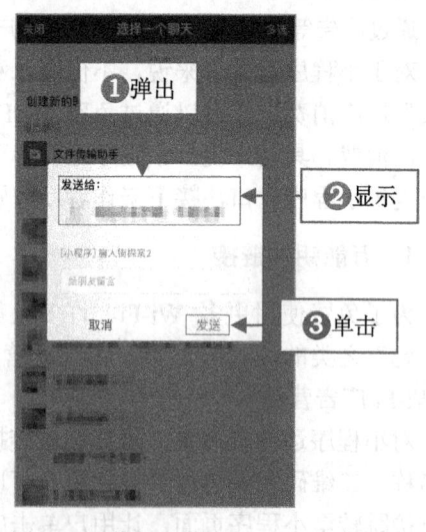

步骤 03 在执行上述操作后，在分享对象的聊天界面，将出现一个小程序链接，如图 2-45 所示。

步骤 04 用户在单击该链接之后，便可进入对应的"腾讯视频"小程序界面，具体如图 2-46 所示。

步骤 05 在"腾讯视频"小程序中，❶单击"前往 App"按钮，并在弹出的对话框中，❷单击"允许"按钮，如图 2-47 所示。操作完成后，将跳转至"腾讯视频"App，如图 2-48 所示。这样一来，便实现了 App 和小程序的互相跳转。

第 2 章　16 个流量获取入口，发展潜力超乎你想象

图 2-45　微信聊天界面　　　　图 2-46　"腾讯视频"小程序的相关界面

图 2-47　弹出对话框　　　　　图 2-48　跳转至"腾讯视频"App

从小程序上线开始，外界便将其看成 App 的有力竞争者，甚至有人说小程序将会取代 App。而"微信之父"张小龙则低调地表示小程序是对 App 的补充和完善，App 和小程序并不是敌对关系，App 和小程序借助微信实现相互跳转或许就是对此观点的有力证明。

对运营者，特别是同时拥 App 和小程序的自媒运营者来说，App 和小程序的相互跳转则是一个重要的营销功能。因为通过这个功能，可以在让用户实现 App 和小程序相互跳转的同时，形成一个用户流量闭环。

2.3.3 第三方平台帮你说话

在没有明确的下载对象的情况下，大多数用户在下载 App 之前都会在应用商店查看 App 的相关评价，并结合平台的推荐做出选择。同样的道理，许多用户在使用小程序之前都会先在应用市场中进行查看。

由于用户平时接触的小程序数量有限，所以，许多人都将应用市场作为获取小程序的重要途径。正因为如此，小程序应用市场成为小程序重要的流量入口之一。小程序运营者可以通过应用商店的介绍为用户，特别是不知道要用什么小程序的用户，提供一个小程序入口。

小程序应用市场不仅具有一定的流量，更为小程序的推广提供了诸多便利。应用市场不仅对小程序进行了测评和推荐，还通过放置二维码为小程序提供流量入口。例如，知晓程序的"小程序商店"中便设置了"精品设置"和"口碑榜"两大版块，如图 2-49 所示。

图 2-49 "小程序商店"界面

如果运营者的小程序能够进入这两大版块，并且排名靠前，那么，用户在进入该应用市场之后便可以看到小程序，这样一来，小程序的曝光率无疑可以大大增加，同时小程序的认知度也将提高。

另外，如果在"小程序商店"中单击某个小程序，即可进入对应的信息介绍界面。图 2-50 所示为知晓程序中"学哦"小程序的信息介绍界面。可以看到，在该界面中不仅对"学哦"小程序的相关信息进行了介绍，而且还在页面右侧专

第 2 章　16 个流量获取入口，发展潜力超乎你想象

门对小程序的二维码进行了展示，用户只需扫码，便可以直接进入该小程序。

对小程序来说，应用市场，特别是流量较大的应用市场，是一个很好的宣传和推广平台。如果运营者能够让小程序出现在应用市场中的有利位置，那么，该小程序就有更大的机会被用户了解。

图 2-50　知晓程序中"学哦"小程序的信息介绍界面

另外，因为应用市场是第三方平台，所以，在用户看来，相比于小程序运营者自己的宣传，应用市场的测评结果更加客观，也更令人信服。

第 3 章

13 个创意亮点设计：展现小程序独特价值

3.1 正确的理念让你赢在起点

设计理念体现的是小程序运营的初心，正确的设计理念可以让运营者赢在起点。小程序的设计理念可以借鉴成熟的小程序，下面从案例分析的角度重点分析3个设计理念。

3.1.1 精准定位，找到目标

小程序运营者能够用于运营的时间和精力毕竟是有限的，而且产品只有卖给有需求的对象，才能卖出应有的价格。所以，运营者只能重点打造与自身业务相关的产品和服务，而且要通过调查了解谁是你的营销目标，并根据目标的需求提供相关产品和服务。只有这样的小程序才有可能成为目标用户的选择。

"一首一首诗"就属于在精准定位方面较为突出的小程序，其用户定位只有一个群体，那就是诗歌爱好者。在该小程序中，推出的所有功能都是与诗歌直接相关的，主要包括诗歌展示、录音朗诵等。如图 3-1 所示为"一首一首诗"小程序的相关界面。

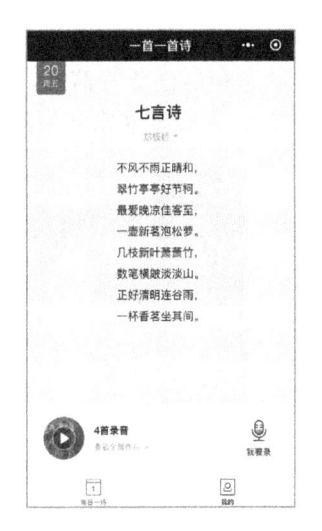

图 3-1　"一首一首诗"小程序的相关界面

对诗歌爱好者而言，获取诗歌内容虽然是一种核心需求，但除了获取诗歌内容，大多数人还会有展现朗诵水平的冲动。而"一首一首诗"正好又提供了录音功能，这便很好地满足了这部分人的需求。

3.1.2 人无我有，尽显独特

无论何种事物，但凡是专业的，往往更容易成为用户的选择。当产品的专业性强悍到专业人士不能缺少，而市场上该类产品又比较少，甚至是没有时，该应用程序很可能会获得用户的青睐。

在诸多小程序中，"王者荣耀群排行"绝对可以算得上是一种独特的存在。在小程序上线初期，腾讯对于游戏类小程序是比较排斥的，而"王者荣耀群排行"虽然与《王者荣耀》这款热门游戏紧密相关，但却没有直接提供游戏服务，这也让这款小程序失去了游戏的属性。

但借助《王者荣耀》的超高人气，加上许多玩游戏的人又具有一定的比较心理，"王者荣耀群排行"小程序因此获得了很好的发展，甚至一度成为用户量排在前列的小程序。

群排行小程序，尤其是游戏类群排行小程序可以说是很难找到的，而"王者荣耀群排行"作为唯一一款《王者荣耀》排行类小程序，并且是由腾讯官方推出的，其独特性是显而易见的。当然，除此之外，该小程序的便利性也是其受到青睐的重要原因。

用户只需进入"王者荣耀群排行"小程序，并将其分享至微信群，便会出现一个小程序卡片，具体如图 3-2 所示。而在单击该小程序卡片之后，便可进入"王者荣耀群排行"小程序，查看群排行、群动态和群任务等信息，如图 3-3 所示。这对需要查看微信群中游戏情况的用户来说，无疑是非常实用的。

图 3-2 "王者荣耀群排行"小程序卡片 　　图 3-3 "王者荣耀群排行"小程序

3.1.3 人有我优，体现专业

小程序实质上属于一种产品，只不过相比于具体产品，其可能更多地以服务的形式出现。特别是一些内容类的小程序，其提供的可能仅是某一方面的资讯。而要让小程序脱颖而出，比较关键的一点就在于专注服务，做到"人有我优"。

对此，运营者需要做的就是先确定小程序的服务内容，然后，围绕服务内容设计小程序的栏目，将用户最关心的信息尽可能地用版块展示出来。这一点大多数小程序都做得比较好。

例如，在"蜻蜓FM"小程序中，在"分类"版块，分出了精品、小说、脱口秀、相声小品、情感、儿童、历史和评书等数十个类别的内容，其内容全面性可见一斑。除此之外，还在"精选"版块中列出了一些热门内容，如图 3-4 所示为"蜻蜓 FM"小程序的"分类""精选"界面。

图 3-4 "蜻蜓 FM"小程序的"分类""精选"界面

虽然内容的全面性不是衡量专业性的唯一标准，但是，毫无疑问的一点是，当一款小程序与业务内容相关的内容越多时，用户便会认为其越具有专业性。

用户选择小程序有时就像挑选购物地点，如果不是赶时间的话，许多人都会选择去大超市买东西，因为大超市的产品更多。同样的道理，当小程序提供的内容比较全面时，用户就会觉得内容比较多，自己需要的内容都有，从而选择该小程序。

> 微信小程序运营：创意设计+渠道布局+用户运营+营销转化

3.2 创意需要建立在规则之上

对于小程序的页面设计，微信官方提出了一些要求，如图 3-5 所示为"微信小程序设计指南"的部分内容，小程序运营者可以前往"微信小程序设计指南"的"设计"版块查看。这是设计小程序的官方规则，即使打造个性化的电商平台，也需要建立在这些规则之上。

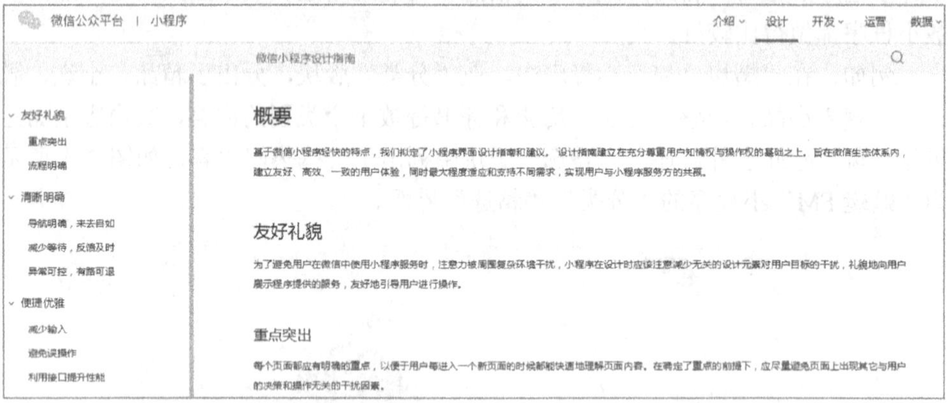

图 3-5 "微信小程序设计指南"的部分内容

3.2.1 操作顺畅，不被打断

流畅无阻的操作体验是指用户在使用微信小程序的过程中，不会被突如其来的无关内容打断。要做到操作畅通无阻并不容易，因为有的运营者经常会好心做坏事。例如，为了增强对用户的吸引力，有的小程序会在用户的操作过程中弹出如图 3-6 所示的领取红包页面。

虽然运营者这么做是为了给用户发福利，但是，面对突然出现的红包，许多用户并不会因为获得小额红包而欣喜，相反，却可能因为操作被打断而对该页面，甚至对该小程序产生反感。因此，为了使用户获得流畅的操作体验，运营者应减少红包、广告和提醒类信息的弹窗。

需要特别说明的是，如果提醒信息是与小程序的服务内容直接相关且不可跳过的，那么，此信息对于用户来说便是必要信息，即使可能打断用户操作，也必须进行设置。

例如，在用户进入"孕期提醒"这个小程序之后，会进入如图 3-7 所示的

第 3 章　13 个创意亮点设计：展现小程序独特价值

"今日·好孕历"界面，让用户对预产期进行设置。因为该小程序的内容都是根据怀孕的时间提供的，不同的怀孕时间，呈现的内容有较大的差异。所以，为了让用户获得更加准确的信息，此设置提醒就很有必要。

图 3-6　领取红包页面　　　　图 3-7　"今日·好孕历"界面

3.2.2　导航清晰，指示明确

对用户，特别是初次进入小程序的用户来说，明确的页面导航可以让用户迅速找到自己需要的内容，减少不必要的探索时间，提高小程序的便利性。

在作者看来，小程序的导航栏主要有 3 个作用，一是告诉用户其所处的位置，二是给用户提供返回渠道，三是对用户的操作进行引导。其中，操作引导既是对用户最具实用价值的内容，也是运营者应该充分利用的部分。如果运营者需要达到某种目的，可以通过导航栏的引导来实现。

例如，在电商购物类小程序中，运营者为了让用户快速完成购物，可以通过明确的导航让用户快速找到自己需要的产品，此时，如果再提供便利的购买途径，那么，在引导之下，用户通常更容易下单并完成购买。

以"拼多多"小程序为例，如图 3-8 所示为该小程序的首页。可以看到，在首页中，用户可以对"男装""鞋包""手机""电器"等类别的商品进行选择。

如果用户在首页选择的是"男装"，则在进入对应界面后，其导航栏下方又会出现"爆款""T恤""POLO衫""套装"等下一级导航，如图 3-9 所示。

- 51 -

▶ 微信小程序运营：创意设计+渠道布局+用户运营+营销转化

图3-8 "拼多多"小程序首页　　图3-9 "拼多多"小程序的"男装"界面

　　如果用户选择"爆款"选项，页面将转至如图3-10所示的"爆款"界面。另外，单击某一商品之后，即可进入如图3-11所示的"商品详情"界面。而在该界面中还为用户提供了购买途径。用户只需单击页面下方的"单独购买"按钮或"一键开团"按钮，便可对产品进行购买。

图3-10 "拼多多"小程序
的"爆款"界面

图3-11 "拼多多"小程序
的"商品详情"界面

大部分用户并不会因此对随处可见的导航栏感到厌烦，相反，还会觉得运营者在设计小程序时充分考虑了用户的感受，因为导航栏很好地充当了地图的作用，使当前页面中的内容变得一目了然。

3.2.3 主次操作，清楚明晰

小程序运营者在进行操作选择设置时，需要做到主次分明，帮用户分清主要操作和次要操作，不能同时提供多种分不清主次的操作，让用户陷入难以选择的处境。

如图3-12所示为错误的操作选择设置，之所以说它是错误的设置，就是因为该页面给用户提供了"操作一""操作二""操作三"3个操作选择，除了文字略有差异，其他内容完全相同，可以说是完全看不出主次的。在这种情况下，用户怎么选择呢？

对此，小程序运营者不妨直接将操作名称命名为"主要操作"和"次要操作"，并给其配备不同的背景色，如图3-13所示。这样一来，主次有序，用户自然也就不用再为选择为难了。

图 3-12　错误的操作选择设置　　　图 3-13　正确的操作选择设置

让操作主次清晰主要有两种方法，一种是直接写明，另一种是减少选择项。所以，在不好分别设置操作的情况下，小程序运营者还可以适当减少选择项。如

果实在要让用户选择，可以分几次进行。

3.2.4 重点内容，突出显示

每个微信小程序的页面都有一个主题，小程序运营者需要做的就是将主题内容作为重点进行突出显示，从而在重点呈现的同时，让用户更好地把握页面中相对重要的内容。

如图 3-14 所示为错误的查询设置，在该页面中，运营者分别在页面上、下方放置了两个广告，而"查询"按钮下方的词条则大小一致显得没有重点，这种查询设置是不合理的。

那么，正确的查询页面应该怎么设置呢？作者认为，可以从两方面进行考虑。

首先，与查询内容无关的内容，如广告信息，应该全部去掉；其次，在提供搜索词条时可考虑用户的使用习惯，将"最近搜索"的词条进行区别显示，具体如图 3-15 所示。

图 3-14　错误的查询设置　　　　图 3-15　正确的查询设置

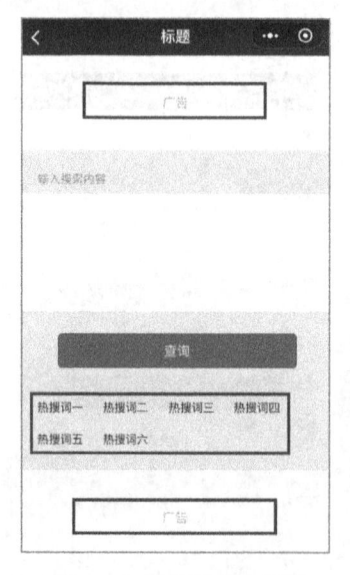

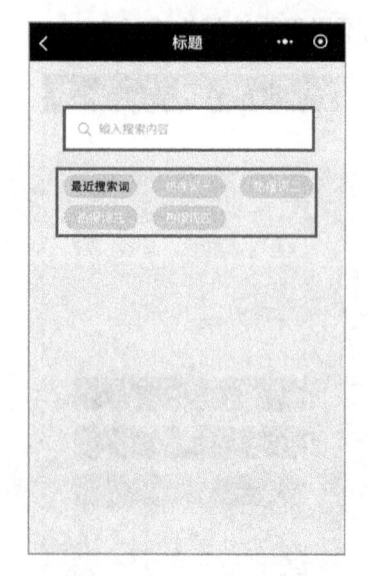

虽然可以在小程序中放置广告，但是，小程序运营者最好还是尽量少在页面中放广告，因为，广告在页面中会显得很突兀。而且在大多数情况下，广告都是不受人欢迎的，毕竟用户使用小程序不是为了看广告的。

第 3 章　13 个创意亮点设计：展现小程序独特价值

3.2.5 页面规范，有板有眼

虽然小程序完善的功能是吸引用户的主要因素，但是，小程序运营者需要明白一点：很多人都是"颜值控"。如果一个小程序只有完善的功能，而不注重视觉效果，有的用户在进入小程序之后，可能会觉得设计太低级了，而随之选择离开。这样一来，势必会造成用户的大量流失。

因此，为了增强微信小程序的视觉效果，微信从字体、列表、表单、按钮和图标这 5 方面制定了相应规范。

规范 1　字体

在字体方面，"微信公众平台|小程序"的"微信小程序设计指南"针对字号和字体颜色分别制定了规范。首先，对于页面中各内容的字号，微信给出了统一的规范，具体如图 3-16 所示。

图 3-16　小程序字号规范

除字号外，微信官方还对字体颜色表示的意义及使用标准制定了规范，并明确指出："主内容用 Black 黑色，次要内容用 Gray 灰色；时间戳与表单缺省值用 Light 灰色；大段的说明内容而且属于主要内容用 Semi 黑。蓝色为链接用色，绿色为完成字用色，红色为出错用色，Press 与 Disable 状态分别降低透明度为 20% 与 10%。"具体字体颜色规范内容如图 3-17、图 3-18 所示。

微信小程序运营：创意设计+渠道布局+用户运营+营销转化

主内容用Black黑色，次要内容用Gray灰色；时间戳与表单缺省值用Light灰色；大段的说明内容而且属于主要内容用Semi黑。

Light / R=178 G=178 B=178 / #b2b2b2

Grey / R=136 G=136 B=136 / #888888

Semi / R=53 G=53 B=53 / #353535

Black / R=0 G=0 B=0 / #000000

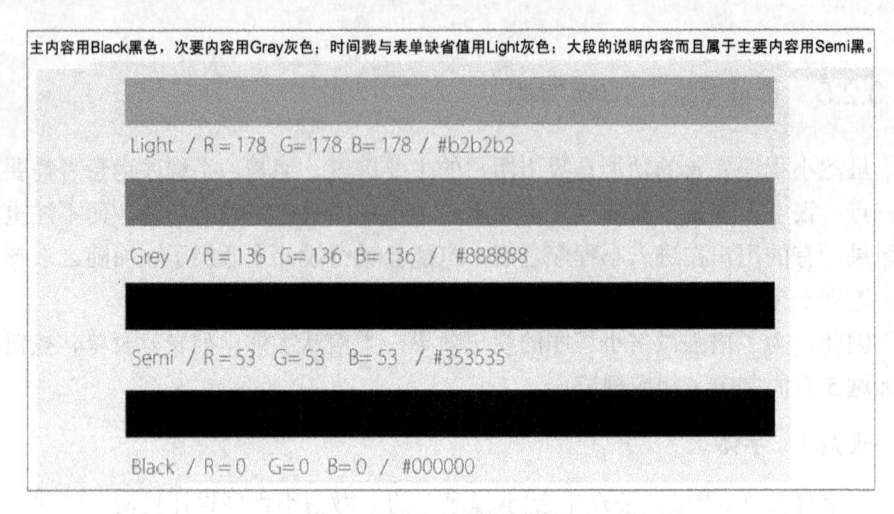

图 3-17　小程序字体颜色规范（1）

蓝色为链接用色，绿色为完成字用色，红色为出错用色，Press与Disable状态分别降低透明度为20%与10%。

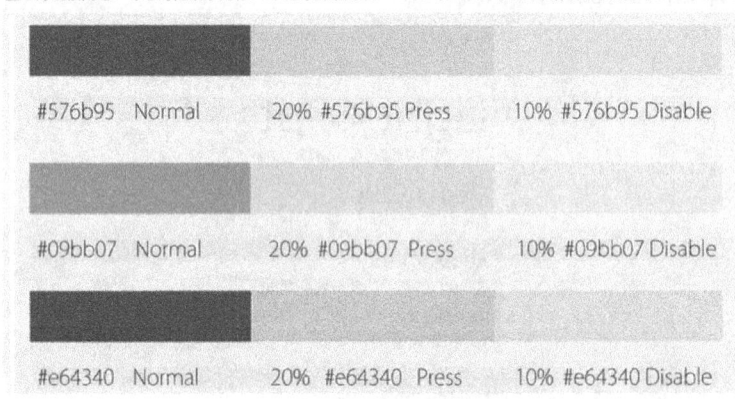

#576b95 Normal　　20% #576b95 Press　　10% #576b95 Disable

#09bb07 Normal　　20% #09bb07 Press　　10% #09bb07 Disable

#e64340 Normal　　20% #e64340 Press　　10% #e64340 Disable

图 3-18　小程序字体颜色规范（2）

规范 2　列表

作为页面内容的重要组成部分，列表的呈现效果直接影响用户的视觉感受。所以，为了统一列表格式，让用户获得较好的视觉感受，"微信小程序设计指南"制定了如图 3-19 所示的列表视觉规范。

规范 3　表单

表单由表单标签、表单域和表单按钮组成，而表单域包含了文本框、多密码框、隐藏域、复选框、单选框和下拉选择框等诸多内容，因此，为了统一表单格式，"微信小程序设计指南"制定了如图 3-20 所示的表单视觉规范。

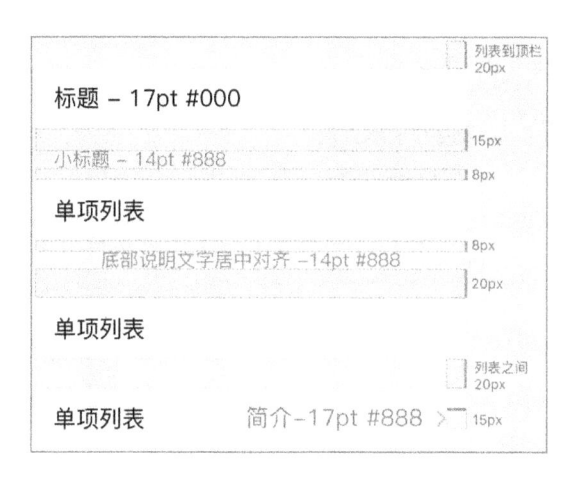

图 3-19 列表视觉规范

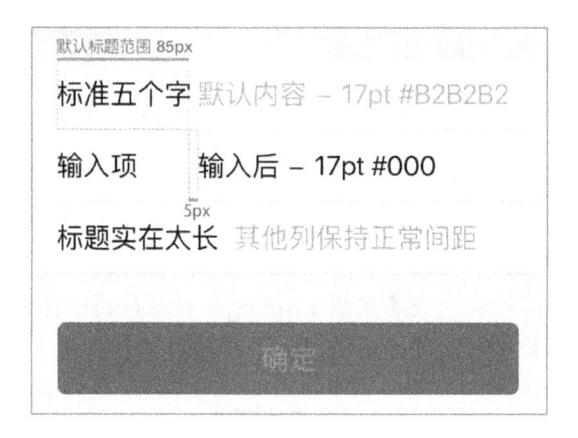

图 3-20 表单视觉规范

规范 4　按钮

根据高度的不同，微信小程序中的按钮可分为大按钮、中按钮和小按钮 3 种。

大按钮的固定高度为 94px（47pt），表示当前页面的即时操作，因此它必须是有效且能够满足用户实际需求的按钮。大按钮的使用规则如图 3-21 所示。需要特别注意的是，一个页面中只能出现一个主操作按钮。

中按钮的固定高度为 70px（35pt），表示重要程度不高，或者不鼓励操作的按钮。如果使用大按钮会扰乱用户浏览信息，也可以用中按钮代替。中按钮的使用规则如图 3-22 所示。

图 3-21　大按钮的使用规则　　　图 3-22　中按钮的使用规则

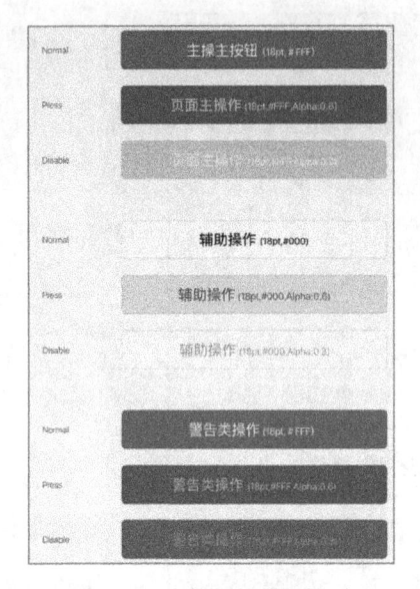

小按钮的固定高度为 60px（30pt），表示微信小程序页面中某项内容的操作或选择。与大按钮不同，小按钮可以重复出现。小按钮的使用规则如图 3-23 所示。

除了上述 3 种按钮，微信小程序中还可能出现两类按钮，一类是失效按钮，表示按钮已经失效；还有一类是按钮 Loading，表示按钮正在加载。"微信小程序设计指南"对这两类按钮的使用规则进行了规定，具体如图 3-24 所示。

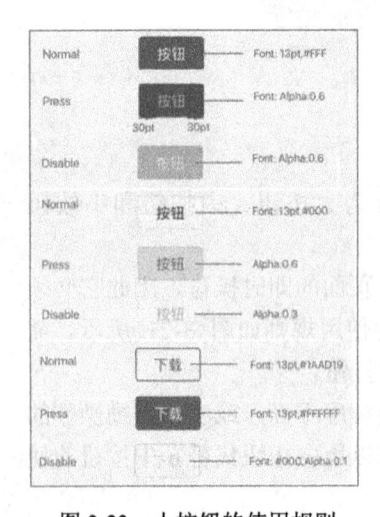

图 3-23　小按钮的使用规则　　　图 3-24　失效按钮和正在加载的按钮 Loading 的使用规则

规范 5　图标

在微信小程序中，最常见的图标主要有 3 类，一是表示完成的图标，二是表示错误提示或警示的图标，三是表示提醒的图标。为了统一图标，让用户更快了解图标代表的意义，"微信小程序设计指南"针对上述 3 种图标的使用规则如图 3-25 所示。

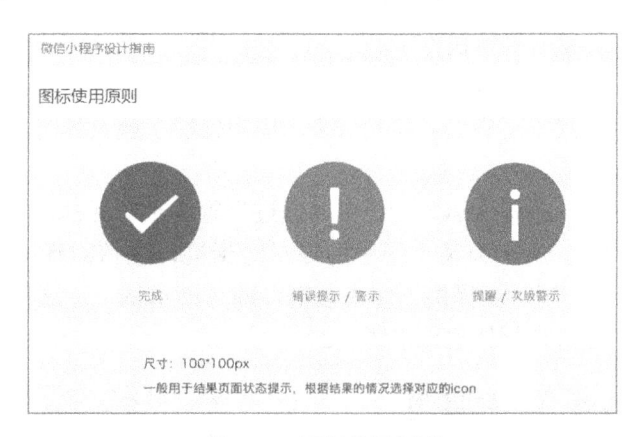

图 3-25　图标使用规则

除了上述 3 类图标的使用规则，"微信小程序设计指南"还对小程序 Titlebar 按钮的相关内容进行了说明，具体如图 3-26 所示。

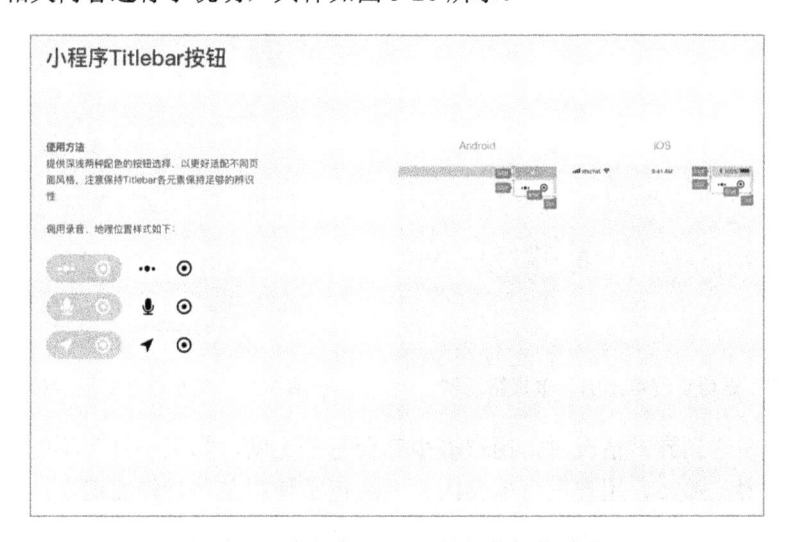

图 3-26　小程序 Titlebar 按钮的相关说明

按照设计规范设计小程序不仅可以优化小程序的页面效果，而且还是提高小程序审核通过率的重要手段。

3.2.6 异常情况，及时处理

当用户操作不当时，微信小程序可能会出现一些异常情况。因此，运营者在设计小程序时，必须做好异常情况的解决。具体来说，需要做好两方面的工作：一是告知异常，二是提供解决方案。

如图 3-27 所示为微信官网给出的表单报错示例，可以看到，在该界面中，明确指出"卡号格式不正确"。如此一来，用户便能了解具体的异常情况，并找出对应的解决方案。

除了表单报错，小程序运营者还可以通过设置提示对话框来帮助用户处理异常情况。如图 3-28 所示为某小程序的提示对话框，在该对话框中，明确指出"支付密码错误"，同时还提供了解决方案，即"请重试"。这样一来，用户在看到该对话框后便可自行处理异常情况。

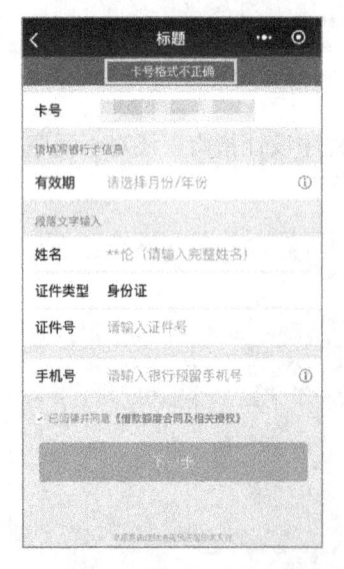

图 3-27 微信官网给出的表单报错示例　　图 3-28 某小程序的提示对话框

因为在遇到异常情况时，用户多少都会有些无助，如果小程序不能为用户提供解决方案，那么，用户很可能会因为无法正常使用某些功能而退出，甚至删除小程序。所以，在设计小程序时，小程序运营者一定要充分考虑可能出现的异常情况，并及时加以解决。

3.3 小程序的亮点这样来打造

虽然根据设计指南设计的小程序具有较高的通过率，但是，如果只是单纯地根据设计指南来打造小程序，那势必会造成版式上的同质化，这样一来，小程序便没有了自己的特色。那么，小程序运营者应如何定制更适合自身实际情况的小程序呢？这便是本节要重点讲解的问题。

3.3.1 做自己擅长的事情

企业型小程序的特点在于其内容需要围绕企业的现有业务进行设计，而内容又由选择的领域决定，因此，小程序运营者在设计一款小程序时，首先要做的就是根据实际业务选择合适的领域，运营主体擅长什么就提供什么服务。

所谓擅长什么就提供什么服务，实际上就是在自我定位的基础上，在适合自身情况的领域开展业务。对于这一点，小程序运营者可以从两方面进行考虑，具体如下。

1. 业务复制

许多运营者在开发小程序前，可能已经在某些领域取得了一定的成绩。对于这部分运营者，在开发小程序时，只需在设计中将这部分业务作为主要内容进行呈现即可。

在这一方面，绝大部分小程序运营者都做得比较好。例如，"爱奇艺""腾讯视频"等在开发小程序之前就已经是大众比较熟知的视频平台，当其在小程序中提供视频业务时，很快便获得了大量用户。

2. 业务延伸

对小程序运营者来说，有时候仅对原有业务进行复制可能还不够，需要在原有业务的基础上进行延伸，根据目标用户的需求和自身实际情况来拓展业务范围。

这一点"蜻蜓FM"就做得很好，作为国内知名的音频平台，在开发小程序之前，"蜻蜓FM"的主要盈利模式为对精品内容收费。而在开发小程序之后，它却将精品音频作为礼品，顺势推出了"蜻蜓礼品卡"。这样一来，"蜻蜓FM"的业务无疑就得到了拓展。如图3-29所示为"蜻蜓礼品卡"的相关界面。

图3-29 "蜻蜓礼品卡"的相关界面

3.3.2 提供用户需要的功能

对用户而言，一款小程序的价值在很大程度上取决于其功能的实用性。因此，越实用的小程序，越能得到用户的青睐。而小程序运营者需要做的就是结合自身实际情况，开发对用户来说有用的功能，让用户离不开你的小程序。

虽然在运营者选择领域之后，小程序的功能基本上已经确定了，但是，如果用户是初次使用小程序，那么，其对小程序实用性的判定基本上取决于小程序的页面设计。

所以，运营者在设计小程序页面时，应尽可能地体现其功能的实用性。这一点对工具类小程序来说尤为重要。当然，大部分工具类小程序在这方面都做得比较好。

以"车来了精准实时公交"（简称"车来了"）小程序为例，用户在进入该小程序后，便可看到如图3-30所示的首页。在该界面中，用户可直接查看附近的公交站点和经过该站点的线路，甚至可以看到某一线路到达站点的最短时间。

而单击某一线路后，用户还可查看该线路途经的站点和在途公交车到达站点的时间，除此之外，还可单击下方的"换向"按钮，查看该公交的反向实时情况，如图3-31所示。

用户搭乘公交时比较关心的问题主要包括附近的站点、途经某站点的线路、线路经过的站点、某线路距离某站点的距离及到达该站点需要的时间，这些内容在"车来了"小程序中都有体现。因此，用户在使用该小程序查看公交实时情况时便会觉得非常实用。

图 3-30 "车来了"小程序首页　　　图 3-31 查看线路信息

小程序的实用性是留住用户的最重要因素，如果小程序的功能不是用户所需要的，那么，用户之后基本上不会再使用该小程序了。因此，要想获得用户的支持，就必须打造满足用户需求的小程序。

3.3.3 为用户反馈提供入口

对小程序而言，满足用户的参与需求是确保自身能够长久发展的重要因素。那么，应如何提高用户参与度呢？其中一个比较实用的方法就是在小程序中为用户提供意见反馈入口。

为用户提供意见反馈入口的方法有很多，其中较为常见的一种是设置评论版块。这种为用户提供意见反馈入口的方法在购物类小程序中是很常见的。例如，在"京东购物"小程序中，用户可以在"我的订单"中对确认收货的商品进行评价，如图 3-32 所示为该小程序中商品评价的相关界面。

评价不仅是为了给用户提供意见反馈入口，更是取信用户的必要设置。毕竟许多人在购买产品时，都会或多或少参考其他人的意见，如果在平台中不能看到其他人对产品的评价，许多人可能会对产品的质量有所怀疑。所以，小程序运营者在设计小程序时，应设置产品评论版块，让用户能够反馈意见。

企业小程序的用户往往都是忠实的顾客或粉丝，如果小程序本身能够提高用户的参与感，会让用户更加欣喜，也会对小程序更加认可，从而使这类用户发挥积极的正反馈效应。

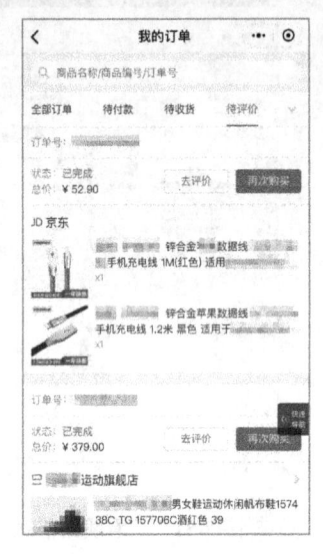

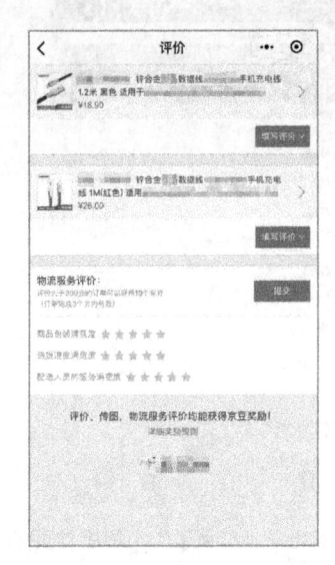

图 3-32　"京东购物"小程序中商品评价的相关界面

3.3.4　更新升级以变得更好

更新升级是每个小程序都不可缺少的，无论是因为大众需求的变化，还是软件本身的缺陷，小程序的更新总是推动自身向更好的方向发展，同时促使运营者为用户提供更贴心的服务。

用户下载企业小程序，主要是为了满足相应的需求，如购买、获取活动信息等。如果企业小程序不能及时更新，导致信息和内容过时，用户就会失去使用该小程序的兴趣。

例如，视频网站类小程序主要通过资源获取用户，在这种情况下，如果某个小程序没有及时更新内容，大量用户为了更快获得相关资源，就会转向其他平台。

以"腾讯视频"小程序为例，如图 3-33 所示为该小程序中某电视剧的播放界面。在该界面中，明确指出此电视剧"周二到周四 20 点免费更新两集，会员提前看下周"。试想一下，如果运营者不能按照约定及时更新视频，之后就很难留住客户了。

除了对具体内容进行更新，为了让用户获得更好的体验感，还需要适时对小程序的功能进行更新升级。如图 3-34 为"腾讯视频"小程序的"关于"界面，

第 3 章　13 个创意亮点设计：展现小程序独特价值

从中可以看出，该小程序曾在 2018 年 4 月 19 日进行过更新。

图 3-33　"腾讯视频"小程序中某电视剧的播放界面

图 3-34　"腾讯视频"小程序的"关于"界面

第 4 章

14 个渠道全面介入,将流量尽数握在手中

4.1 线下推广需要主动出击

虽然许多运营者习惯进行线上引流，但是随着小程序的深入发展，竞争不断加剧，光靠线上引流肯定是不够的。因此，如何在线下推广微信小程序就成了许多运营者需要解决的一大难题。

其实，每个微信小程序都有唯一的二维码，运营者只需利用好这个载体，在线下主动出击，便可以获得不错的推广效果。下面作者就选取4种线下推广方式进行具体解读。

4.1.1 门店是免费的推广平台

门店推广，即微信小程序运营者利用小程序二维码、社交软件等载体，在实体店中对微信小程序及相关产品进行推广。

对于有实体店的运营者，微信最大的好处是能够将陌生客户转化为资源，只要加了微信，不管能不能成交，至少也积累客户资源了。这样，店里的客户流失率就能控制在最小的范围内。实体店是一种很好的线下推广渠道，微信小程序运营者一定要好好利用这个资源，原因有以下3点。

（1）通过面对面交流，能够消除客户的防备心理，让顾客成为粉丝；
（2）实体店产品的质量和服务能够被客户看到，能够增加客户的信任度；
（3）实体店推广更直接、方便，用户可以随时添加微信小程序。

那么，在实体店进行线下引流应该如何来做呢？微信小程序运营者可以试试如下3种方法。

（1）用送礼物或者办会员卡的方式，让客户留下联系方式；
（2）根据顾客的联系方式添加其微信，并推送微信小程序；
（3）在店铺的显眼位置，张贴微信小程序的二维码和相关介绍。

需要特别说明的是，很多事情不可能一蹴而就，微信小程序的门店推广也是如此。在刚开始推广时，运营者可能不能获得预期的推广效果，但只要坚持，就会获得不错的成效。

4.1.2 线下也能"码"上推广

二维码推广，顾名思义，就是通过在各种活动中融入二维码这个载体，对微信小程序进行推广。与其他应用相比，微信小程序推广最大的优势之一就是可以将二维码直接作为一个入口。

也就是说，用户甚至无须搜索微信小程序名称，只要用微信"扫一扫"进行识别便可以进入小程序。

在这种情况下，二维码势必会成为用户进入微信小程序，特别是在线下进入微信小程序最重要的途径之一。因此，扫码线下推广对于微信小程序运营者的意义将变得日益重大，那么，如何进行扫码线下推广呢？运营者可以试试传单扫码推广、扫码优惠推广这两种方法。

例如，微信小程序运营者可以组织人员到人流量多的地方，通过扫码送礼的方式，让目标用户在获得一定福利的同时，了解并帮忙宣传微信小程序，如图 4-1 所示。

图 4-1 扫码送礼活动场景

当然，需要特别说明的一点是，二维码线下推广的目的是为微信小程序增加用户，而不仅仅是吸引眼球。在此过程中，运营者可以借助二维码进行推广，但不能让推广活动变得低俗，更不能变成对受众的骚扰。

4.1.3 沙龙既是社交也是宣传

沙龙是一群志趣相投的人在一起交流的一种线下社交活动，其主要特点包括定期举行、晚上居多、自行参与、自由谈论、激发灵感等。线下沙龙推广，即在参加沙龙的过程中对微信小程序进行推广。

微信小程序运营者在参加沙龙之前，还需要明确以下几点。

（1）选择自己喜欢的沙龙。参加自己喜欢的沙龙，这样参加沙龙就不会变成耗时、耗成本的事，效果也会更好。

（2）选择自己擅长的沙龙。只有参加符合自己特长的沙龙活动，你才能成为焦点，自然也就会有人主动来找你。

（3）选择匹配度高的沙龙。引流不能只看数量不看质量，选择与经营产品相匹配的沙龙，吸引的粉丝才会更精准。

线下沙龙推广的目的是让更多潜在客户转换成目标客户，要做到这一点，以上提到的几点就一定要做到，这是进行线下推广的前提，只有有目标地进行引流，才能取得最好的效果。

另外，微信小程序运营者在参加线下沙龙时，还需要掌握一定的技巧，具体如下。

- 技巧1：在沙龙签到处放上小程序的二维码，方便别人快速扫描并添加微信。
- 技巧2：如果是食品类小程序，可以提供这一场沙龙的零食，让沙龙主持人在最后感谢的时候提到自己的店铺和食品。

4.1.4 参加活动，抓住一切机会

之前提到，微信小程序运营者可以通过参加线下沙龙来推广小程序，当然，也可以通过参加其他活动进行小程序的推广，例如，通过参加电商创业大赛宣传自己的微信小程序平台，如图4-2所示。

图4-2 电商创业大赛场景

总体来说，参与的活动需要具备以下几个特点：
- 群体性强；
- 数据量比较集中；
- 交互性比较强。

以电商创业大赛为例，这是一个展示自己的绝佳舞台，可以让大家看到你的各项优势，将这样的比赛利用起来，凸显自己的特长和优势，并积极参与互动环节，让来看比赛的人都能记住你，你的微信小程序自然会得到推广。

除了参加电商创业大赛，运营者还可以通过参加培训课程等方式，进行微信小程序的推广。培训课程又分为线上和线下两种，线上的课程大多是免费的，而线下的课程则大部分是需要付费的。虽然线下培训需要付费，但其对运营者来说却是好处多多的，具体如下。

- 面对面教学，能够对复杂的网络营销课程进行分解；
- 每天安排具体的课程和作业，实现学与用的结合；
- 严格的教学监督，与同学互帮互助，从而战胜惰性；
- 全方位的培训，可以获得写作能力和演讲能力的提升；
- 一起参与培训的同学可以发展为既定的人脉资源。

在参与付费培训时，自然要把握好人脉，而且都是要做电商的人，以后可以进行企业合作和好友互推。

4.2 线上推广可以多管齐下

与线下引流相比，线上推广能够为微信小程序运营者提供的选择更多一些，而运营者需要做的就是从中选择更适合自身情况的引流方式。当然，综合使用多种引流方式，多管齐下，起到的推广效果可能会更加显著。

4.2.1 微信是推广的主阵地

微信是腾讯公司推出的社交软件，为用户提供免费的文字、图片、语音等信息传播平台，目前微信已经覆盖了中国90%以上的智能手机，庞大的用户群使其对互联网企业来说极具价值。

在微信大火的当下，微信营销成为网络营销的主阵地，它突破传统营销的渠道限制，很多传统企业通过它成功转型，也有很多互联网企业借助微信获得巨大成功。其实，微信营销对小程序推广同样适用。

微信平台可以说是小程序运营者必争的流量入口之一，这不仅因为微信拥有众多用户，更因为微信提供了多种小程序推广渠道，如果运营者运用得当，就可轻松获得一定流量。

借助微信平台的力量，运营者可以通过扫码推广、分享推广、公众号推广等方式获取流量。如图 4-3 所示为"微信公开课"公众号中关于"道易寻"小程序的介绍。

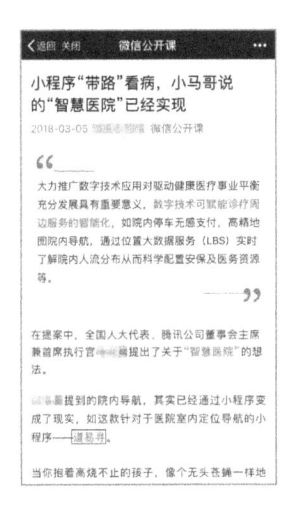

图 4-3 "微信公开课"公众号中关于"道易寻"小程序的介绍

在这篇介绍文章中，不仅多次出现了"道易寻"小程序，更在文末列出该小程序的二维码。借助"微信公开课"公众号的庞大用户群体，"道易寻"小程序此次的"扫码推广+公众号"推广方式获得了巨大的成功，该小程序不仅知名度快速上升，更在短期内获得了大量的用户。

4.2.2 QQ 推广不应该缺席

作为最早的网络社交平台，QQ 的资源优势和底蕴，以及庞大的用户群，都是小程序运营者必须巩固的前沿阵地。因此，QQ 推广对微信小程序运营者来说可谓是意义重大的。

其实对 QQ 推广来说，非常关键的一点就是要让别人相信你。在这个虚拟的社交网络中，只有信任才会带来更好的推广效果。QQ 推广的方法有很多，下面作者就以 QQ 群推广为例，对其进行重点解读。

现在 QQ 群有许多热门分类，运营者可以通过查找同类群的方式入群，进群之后，不要急着推广，先在群里与大家混熟，之后在适当的时间发布广告来进行推广。

以"小睡眠"小程序为例，运营者可以通过如下操作在 QQ 群中进行精准推广。

>> 微信小程序运营：创意设计+渠道布局+用户运营+营销转化

步骤 01 登录 QQ，❶单击"消息"界面右上角的 + 按钮；❷在弹出的菜单栏中选择"加好友/群"选项，如图 4-4 所示。

步骤 02 在操作完成后，即可进入"添加"界面，❶单击界面中的"找群"按钮；❷在搜索栏中输入关键词，如图 4-5 示。

图 4-4 选择"加好友/群"选项　　　　　图 4-5 "添加"界面

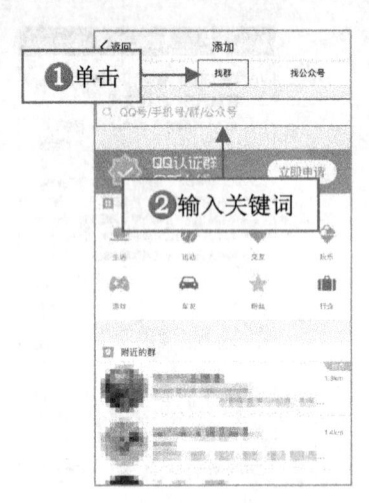

步骤 03 在上述操作完成后，页面中将呈现搜索结果。如图 4-6 示为搜索"睡眠"的结果。从搜索结果中选择一个群，单击进入；单击下方的"申请加群"按钮，如图 4-7 示。

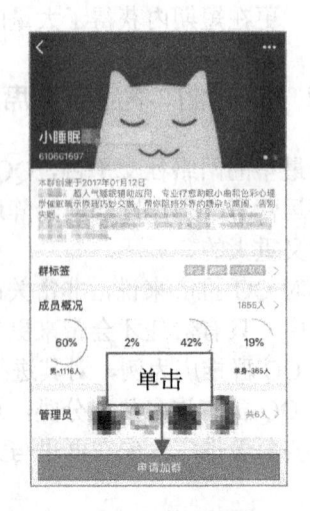

图 4-6 搜索"睡眠"的结果　　　　　图 4-7 单击"申请加群"按钮

第 4 章　14 个渠道全面介入，将流量尽数握在手中

步骤 04　在加入该群后，先想办法与大家混熟，然后再发布广告。运营者既可以直接对小程序进行介绍，并发送小程序二维码，也可以❶单击微信公众号上方的■■■图标；❷选择"分享到手机 QQ"，如图 4-8 所示，之后再选择对应的 QQ 群即可。

步骤 05　在执行操作后，QQ 群的聊天信息中将出现小程序的相关内容，如图 4-9 所示。群成员只需单击该信息，便可进入小程序。而在 QQ 群中推广小程序的目的也就达到了。

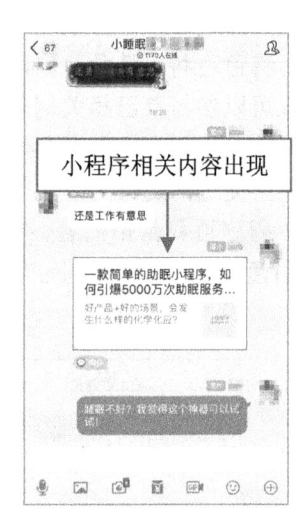

图 4-8　分享到手机 QQ　　　　图 4-9　聊天信息中出现小程序的相关内容

运营者在采用 QQ 群进行推广的过程中需要特别注意的是，广告应尽可能地软化，否则管理员很可能会因为广告痕迹太重而直接将你移出群。

4.2.3　善用百度的 PC 力量

作为中国网民最常用且影响力最大的搜索引擎之一，百度毫无悬念地成为互联网 PC 端最强的流量入口。如果小程序运营者可以利用好这一平台，便可收获数量可观的目标用户。

具体来说，微信小程序的百度推广主要可从"百度百科"和"百度知道"这两个平台切入。接下来，作者分别对其进行解读。

1. "百度百科"推广

在互联网上，小程序运营者可以借助百科平台来做营销，将微信小程序的相关信息传递给用户，方便用户形成对小程序品牌和产品的认知，同时也有利于向

潜在用户推广小程序。

百科词条是百科营销的主要载体，做好百科词条的编辑工作对于微信小程序营销至关重要。百科平台的词条信息有多种分类，但对企业的网络营销而言，主要的词条形式包括4种，具体如下。

（1）行业百科。企业可以以行业领头人的身份，参与到行业词条信息的编辑工作中，为想要了解行业信息的用户提供相关行业知识。

（2）企业百科。企业的品牌形象可以通过百科进行描述，奔驰、路虎等汽车品牌在这方面就做得十分成功。

（3）特色百科。特色百科涉及的领域很广，地方政府可以参与地方百科的编辑，名人可以参与自己相关词条的编辑。

（4）产品百科。产品百科是消费者了解产品信息的重要渠道，能够起到宣传产品，甚至促进消费行为产生等作用。

对小程序百科营销而言，最为合适的词条形式无疑是产品百科。如图 4-10 所示为百度百科中"跳一跳"小程序的相关内容，其采用的就是产品百科的形式。

图 4-10　百度百科中"跳一跳"小程序的相关内容

百度百科中任何有关个人、机构或产品的宣传及带有推销或宣传的内容，都不会通过审核，而且过于自夸、虚假的内容也很难通过审核。因此，好的百科要从第三方的角度，结合产品和小程序的特点、成绩及优势等去写。

2. "百度知道"推广

百度知道在网络营销中具有很好的信息传播和推广作用，利用百度知道平台，通过问答的社交形式，有助于运营者快速、精准地定位客户。百度知道在营销推广上具有两大优势：精准度高、可信度高。这两种优势能形成口碑效应，对网络营销推广来说尤为珍贵。

通过百度知道来询问或回答的用户，通常对问题涉及的东西有很大兴趣。例如，有的用户想要了解"有哪些购物类小程序比较好用"，有一定小程序使用经验的用户大多会积极推荐自己用过的比较满意的小程序，提问方通常也会接受意见并试用。

通过百度知道来营销是网络营销的重要方式，因为它的推广效果相对较好，能为企业带来直接的流量和有效的外部链接。基于百度知道而产生的问答营销是一种新型的互联网互动营销方式，问答营销既能为商家植入软性广告，也能通过问答来发掘潜在用户。

4.2.4 微博粉丝为推广增益

在互联网与移动互联网快速发展的时代，微博凭借其庞大的用户规模及操作的便利性，逐步发展为企业营销利器，为企业创造了巨大的收益。随着网络营销的迅速发展，微博也成为各大企业与商家营销推广的重要平台。

在微博平台上，企业、商家或个人只需用很简短的文字就能反映自己的心情或者表明发布信息的目的，这种便捷、快速的信息分享方式使得大多数企业与商家开始抢占微博营销平台，利用微博"微营销"开辟网络营销市场的新天地。

值得一提的是，微博的每一位用户，都是微信小程序电商运营者的潜在营销对象，运营者可以利用微博消息向网友传递小程序的相关信息，以此增加小程序的曝光率。通常来说，在微博中推广微信小程序主要有3种方式，具体如下。

1. 互动营销

进行微博互动营销，最主要的一点就是要主动与别人进行互动。当别人点评了你的微博时，你就可以和他们进行对话。微信小程序运营者还可以利用微博举办一些具体的活动，以此来加强与粉丝的互动。在互动中，可以挖掘潜在客户，实现产品或服务的互动营销。

运营者可以举办一些抽奖活动或促销活动来吸引粉丝的眼球，进而增加与用户的互动。在抽奖活动中，运营者可以设置一些条件，如要求粉丝按照一定的格式转发或评论相关信息，以此来获得中奖机会。

如果在促销活动中，运营者提供了比较大的优惠和折扣，有可能使微信小程序获得病毒式传播。在微博中发布促销信息时，文字一定要有诱惑性，图片一定要精美。运营者还可以请各种人气博主帮忙转发，这样可以进一步加扩大小程序的宣传力度。

总之，运营者只要不断地和粉丝保持互动，经常对粉丝发布的微博，特别是与自身小程序相关的内容进行转发、评论，让粉丝感觉到自己的诚意，就可以获得粉丝的信任。获得粉丝的信任是进行微博营销的第一步，只有与粉丝建立了亲密的关系，才能让粉丝帮忙转发相关的营销信息。

2. 话题营销

一般来说，微博用户在打开微博之后，大多都会先选择那些有趣的内容来浏览，然后就是查找热门微博或是查看热门话题。而话题营销就是利用这些热门话题进行微信小程序的推广。

虽然话题营销推广有些"蹭热度"的嫌疑，但是对运营者而言，话题营销可以更好地抓住用户的习惯，生产出对用户更具吸引力的内容，从而更有效地进行借势推广。

在进行话题营销时，微信小程序运营者应该先了解用户对什么话题感兴趣，然后选取合适的话题，将微信小程序的相关信息嵌入其中，这样用户在搜索话题时，就可以搜索到自己的内容了。运营者在发微博的时候，应该给热门关键词加上双井号，如"＃热门关键词＃"，这样可以增加用户搜索率。

小程序运营者在进行话题营销时，一定要注意选择正确的话题，只有将品牌和产品的实际情况准确地融入正确的话题，才能取得话题营销的成功。否则，只会让营销内容显得格格不入，既不能达到营销的目的，也不能让微博用户信服，这样的微博营销也就毫无意义了。

3. 硬广告营销

硬广告是生活中最常见的一种营销方式，指人们在报刊、杂志、电视、广播、网络等媒体上看到或听到的那些为宣传产品而制作的广告。其中，微博中的硬广告传播速度非常快，涉及范围也比较广泛，常以图文结合的方式呈现，也常加入视频或者外部链接。

从现实来看，微博用户一般都对各种硬广告抱有排斥的心理，因此，小程序运营者在发布广告时，要尽量将硬广告进行软化，文字内容不要太直接，要学会将广告信息巧妙地嵌入那些比较吸引人的软文，只有这样，对用户来说才更有吸引力。

小程序运营者在发布微博硬广告时，最常见也是最直接有效的方式就是图文结合。除此之外，企业在优化关键词的时候，也应该多利用那些热门的关键词，或者是那些容易被搜索到的词条，只有这样才能增加用户搜索率。

如图 4-11 所示为关于"大眼睛买买买商店"小程序的一条微博，其采用的便是图文结合的硬广告营销方式。

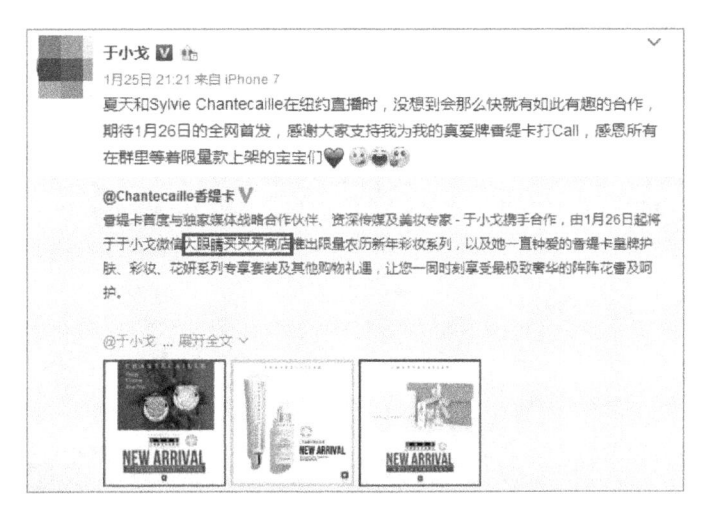

图 4-11 关于"大眼睛买买买商店"小程序的一条微博

该微博只是说明小程序和其他品牌的合作,但"大眼睛买买买商店"这个小程序也在其中有所体现。因此,许多受众在该微博信息的影响下会对小程序产生兴趣,这就起到了推广的作用。

4.2.5 贴吧让定位更加精准

贴吧是一个通过兴趣主题聚合志同道合者的互动平台,也是运营者常用的引流平台之一。在互联网时代,企业可以通过网络贴吧发布与企业的产品和服务等相关的信息,从而通过社交实现企业品牌的营销推广。这种利用贴吧进行营销的方式就是贴吧推广。

贴吧是一个用户有共同兴趣和话题的社群,所以企业在贴吧中推广产品和服务,就是对用户进行社群运营。人气是营销的基础,小程序运营者可以通过内容丰富的帖子,与用户交流互动。

如图 4-12 所示为百度贴吧中某小程序的推广帖。虽然该帖明显是要推广小程序的,但因为在标题中将"这个小程序做得如何"作为噱头,还是吸引了大量用户,获得了一定数量的回帖。而这无疑为该小程序进行了一次很好的宣传。

在贴吧中塑造企业的影响力,能在很大程度上带动其他用户的参与,从而进一步吸引潜在用户。贴吧营销最主要的方式是发帖推广,小程序运营者可以通过内容恰当的帖子来引导话题,带动潜在用户的积极参与。

▶▶ 微信小程序运营：创意设计+渠道布局+用户运营+营销转化

图4-12 百度贴吧中某小程序的推广帖

注："这个小程序做的如何"应为"这个小程序做得如何"。

● 4.2.6 问答间接实现软营销

对小程序运营者而言，网络营销推广不能只进行直接营销，很多时候通过潜移默化的方式，在各种互联网平台上带动潜在用户才是关键。问答平台对网络营销而言，无疑是一个非常重要的阵地，在如今的互联网时代，小程序运营者需要认识和了解问答平台。

"百度知道"是由百度推出的基于搜索的互动式知识问答分享平台，是目前中国最大的问答网站。百度知道的主要特点在于和其百度搜索的完美结合，百度的庞大用户群体为其提供了流量支持。

"360问答"也是一个常用的问答平台，其问题库中有很多类型的问题，包括电脑网络、手机数码、生活、游戏、体育运动、明星影音和休闲爱好等。如图4-13所示为"360问答"问题库的相关界面。

小程序运营者可以通过两种方式充分利用该平台。

一是单击图4-13中的"我要提问"按钮，进入提问界面并输入问题、选择悬赏的金币数量，然后单击下方的"立即提交"按钮，如图4-14所示。

二是单击图4-13中的"搜索答案"按钮，查找已经发布的问题，并进行回答。有需要的小程序运营者甚至可以采用自问自答的形式，让目标用户更好地了解你的小程序。如图4-15所示为关于"美团外卖"小程序点餐的问答界面。

图4-13 "360问答"问题库的相关界面

图4-14 提问界面

对普通用户来说,问答平台或许仅仅提供了一个提问的机会。而对小程序运营者来说,问答平台不仅可以为目标用户答疑,还能作为推广自身小程序的一个有力工具。

▶ 微信小程序运营：创意设计+渠道布局+用户运营+营销转化

图 4-15　关于"美团外卖"小程序点餐的问答界面

● 4.2.7　视频给推广以感染力

与文字、图片相比，视频在表达上更为直观、丰满，而随着移动互联网技术的发展，手机流量等因素的阻碍逐渐被消除，视频成为当下的热门。借助这股东风，爱奇艺、优酷、腾讯视频、搜狐视频等视频网站获得了飞速发展。

随着各种视频平台的兴起与发展，视频营销兴起，并成为广大企业进行网络营销的常用方法。小程序运营者可以借助视频，近距离接触自己的目标群体，将这些目标群体开发为自己的客户。

视频背后庞大的观看群体对运营者而言就是潜在用户群，而如何将这些潜在用户转化为真正的用户，才是视频营销的关键。对小程序运营者来说，最简单、有效的视频营销方式就是在视频网站中上传与小程序相关的短视频。

如图 4-16 所示为优酷中推广"表情家园"小程序的视频截图。该视频看似是站在受众的角度推荐实用性小程序，实际上却是为"表情家园"小程序做推广，而事实证明，这样做比直接为微信小程序打广告更容易被用户接受。

如今的视频营销主要向互联网方向发展，与传统电视广告相比，互联网视频营销的受众参与性更高，在感染力、表现形式、内容创新等方面更具优势。通过用户的观看、分享和传播，视频营销能够给企业推广带来"自来水式"的传播效果。

图 4-16 优酷中推广"表情家园"小程序的视频截图

4.2.8 音频的力量超乎想象

音频的传播方式更为多样，在跑步、开车甚至工作等多种场景中，都能进行音频的传播。音频相比视频来说，更能满足人们的碎片化需求。对运营者来说，利用音频平台来宣传小程序是一个很好的网络营销思路。

音频营销是一种新兴的营销方式，主要以音频为传播载体，通过音频节目运营品牌、推广产品。随着移动互联网的发展，以音频节目为主的网络电台迎来了新机遇，与之对应的音频营销也进一步发展。音频营销的特点如下。

（1）锁屏特点。音频可以在手机锁屏状态下播放，这项特点能让信息更有效地传递给用户，对品牌、产品的推广而言更有价值；

（2）伴随特点。相比于视频、文字等载体，音频具有独特的伴随属性，它不需要耗费视觉上的精力，用户只需在闲暇时收听即可。

下面，作者就以"蜻蜓FM"为例进行说明。"蜻蜓FM"是一款强大的广播收听应用，用户可以通过它收听国内、海外等数千个广播电台。"蜻蜓FM"相比于其他音频平台，具有如下特点。

（1）跨地域。在连接网络时，可以收听全球的广播电台。

（2）免流量。用户可以通过硬件FM功能免流量收听本地电台。

（3）支持点播。新闻、音乐、娱乐、有声读物等都可自由点播。

（4）内容回听。不受直播限制，错过的内容可以回听。

（5）节目互动。用户通过"蜻蜓FM"可以与喜欢的主播实时互动。

在该平台上，用户可以直接通过搜索栏找到自己喜欢的音频节目。对此，小程序运营者只需根据自己小程序的内容，选择热门关键词作为标题将内容传播给目标用户。如图4-17所示，作者在"蜻蜓FM"平台搜索"吴晓波频道"后，出现了多个与之相关的节目。

图4-17 "蜻蜓FM"中"吴晓波频道"的搜索结果

小程序运营者应该充分利用用户的碎片化需求，通过音频平台来发布产品广告，音频广告的营销效果比其他形式要更好一些，向听众的广告投放更为精准。而且，音频广告的运营成本也比较低，十分适合中小企业的长期推广。

例如，做餐饮的小程序运营者，可以和与"美食"相关的音频自媒体节目组合作。因为这些节目通常有大批关注美食的用户收听，广告的精准度和效果都会非常好。

● 4.2.9 直播让话题更具价值

网络营销最主要的是抓住"热点"，而网络直播是最容易产生热点内容的。直播因为具有即时性、互动性等特点，在积累人气、推广品牌方面有很大的作用，从这种意义上说，小程序运营者要想做好网络营销，需要了解各种直播平台和直播方法。

互联网营销对平台的需求不断提升，各种互联网平台都成为网络营销的热点，其中形式多样的网络直播平台更是热点中的热点。网络直播对网络营销来说，无疑是具有重要意义的平台。

网络直播的方式主要包括信息披露直播、品牌宣传直播、网红代言直播、理财专家直播、客服沟通直播、娱乐活动直播、淘宝店铺直播、线下线上整合直播等。

接下来，作者就以"映客"为例进行解读。"映客"主要定位"素人直播"，主播可以使用手机随时随地直播，而用户则可以利用碎片化时间观看直播、为喜欢的主播点赞及和其他粉丝聊天。

通过直播平台，每个人都可以凭借自己的优质内容成为自媒体时代的超级IP。同时，小程序运营者还可以通过"直播+明星+电视+中央重点媒体+电台+公益"等多种方式组合的模式，扩大小程序的知名度和影响力。

4.2.10 "@"增加推广的针对性

对于"@"大家应该都不陌生，其是用来提醒他人查看自己发布的消息、增强宣传针对性的一种工具。

@推广就是借助@功能进行推广的一种方式。因为可以对推广目标进行选择，所以推广的针对性通常比较强，只要目标选择准确，往往可以获得不错的推广效果。

接下来，作者就以微信为例，具体介绍利用@进行推广的方法。在微信中@功能最常用于在微信朋友圈中提醒特定好友查看相关信息。

步骤 01 打开微信，❶进入"发现"界面；❷单击"朋友圈"按钮，如图 4-18 所示；进入微信朋友圈界面，单击右上角的 ◉ 按钮，如图 4-19 所示。

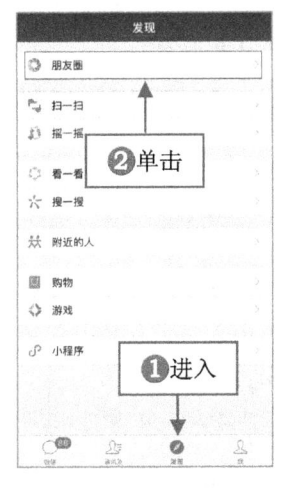

图 4-18　单击"朋友圈"按钮　　　　图 4-19　单击 ◉ 按钮

步骤 02 在操作完成后，❶页面中将弹出编辑选择对话框；❷运营者可以选择

▶▶ 微信小程序运营：创意设计+渠道布局+用户运营+营销转化

"拍照"或者"从手机相册选择"的方式选取图片，在这里作者以"从手机相册选择"为例进行说明，如图 4-20 所示。

步骤 03 选择图片后，单击页面下方"完成"按钮，如图 4-21 所示。

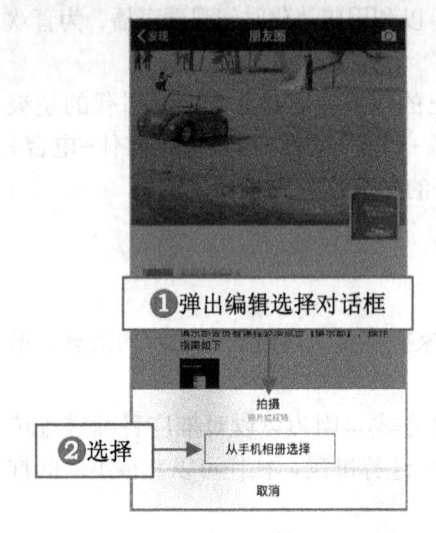

图 4-20 选择"从手机相册中选择"选项　　图 4-21 单击"完成"按钮

步骤 04 在执行上述操作后，页面将转至编辑界面，与此同时，选择的图片将出现在界面中。运营者可以在该界面中❶编辑文字内容；❷单击"@提醒谁看"按钮，如图 4-22 所示。

步骤 05 在完成操作后，❶进入如图 4-23 所示的"提醒谁看"界面；❷在该界面选择需要提醒的对象；❸单击右上方的"完成"按钮。

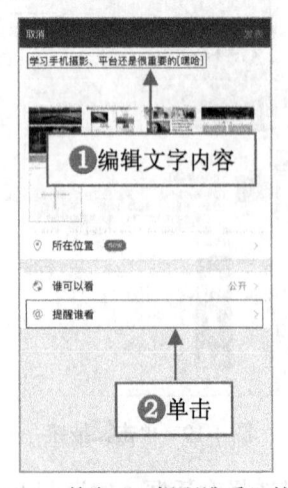

图 4-22 单击"@提醒谁看"按钮　　图 4-23 "提醒谁看"界面

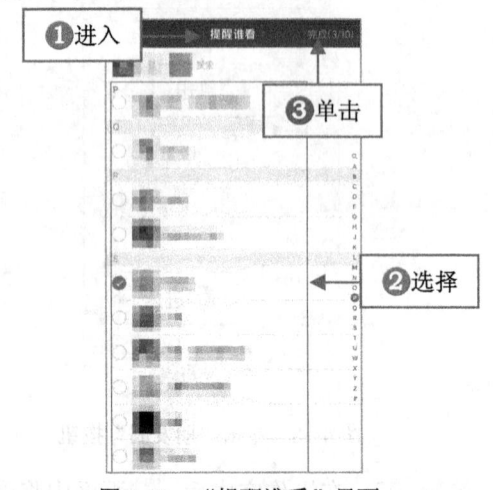

- 84 -

步骤 06 在回到编辑界面后，❶查看"提醒谁看"处出现的好友微信头像；❷单击右上角的"发表"按钮，如图 4-24 所示。

步骤 07 在发送成功后，在微信朋友圈中就会出现刚刚发布的消息；另外在底部还会显示@的好友，如图 4-25 所示。被@的好友在进入朋友圈后，就会看到提醒。

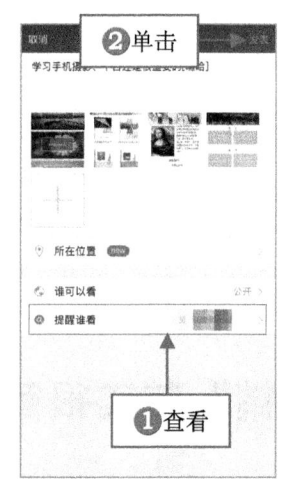

图 4-24　单击"发表"按钮　　　　图 4-25　查看发布的信息

第 5 章

13 个营销战术解析,"赢销"其实很简单

5.1 营销之前要先找准方向

移动互联网的迅速发展，正在逐渐改变人们的生活方式和消费观念。尤其是近年来电商的兴起，让人们能够在生活、工作的间隙，利用碎片时间享受移动购物的乐趣。

与 PC 网站购物和传统购物形式相比，移动购物更方便、更快速，能够节省大量时间，容易被广大用户，尤其是年轻人所接受。对企业来说，移动互联网拥有更加广阔的市场，如何利用好这个大市场，选择合适的营销方向，开启小程序创意营销，是每一个企业都必须思考的问题。

5.1.1 娱乐提升品质

说到娱乐小程序，许多人首先想到的可能是游戏。确实，游戏可以称得上是娱乐型应用软件的代表。不过，运营者在打造游戏类的小程序时，除娱乐用户之外，还需要找到一个可以提升应用软件品质的关键点。

纵观市面上的小程序，既有纯娱乐类的小程序，也有在娱乐之余，让用户有所收获的小程序，如作者接下来要介绍的"成语猜猜看"小程序。

顾名思义，"成语猜猜看"就是一款猜成语的小程序。与纯娱乐类的小程序不同，该小程序在让用户猜成语的同时，还能让用户对相关成语有更深刻的理解。如图 5-1 所示为"成语猜猜看"小程序的相关界面。

图 5-1 "成语猜猜看"小程序的相关界面

在作者看来，除娱乐外，运营者应当在小程序中加入一些可以提升品质的内容，不能仅为了娱乐而娱乐，这也正是"成语猜猜看"小程序的成功之处。

"成语猜猜看"小程序不仅通过互动答题保证了娱乐性，而且也让用户在娱乐之余收获到一些新的知识。也正因为如此，该小程序拥有较高的品质。

● 5.1.2 时尚引领潮流

用户，特别是年轻用户，对时尚潮流的东西通常都比较感兴趣。对小程序运营者来说，借助时尚潮流进行营销有两层境界。

第一层境界是对市场进行调查，将时尚潮流元素融入小程序；第二层境界则是通过小程序主动打造时尚元素，引领潮流风尚。运营者如果能达到第二层境界，便相当于在应用程序市场中找到了一个突破点。

说到"星巴克"，许多人最初的印象可能就是一个咖啡品牌。而随着"星巴克用星说"小程序的推出，越来越多的人开始对其改观。这主要因为该小程序通过向用户提供赠送服务，让购买咖啡有了不同的意义。如图 5-2 所示为利用"星巴克用星说"小程序向他人赠送咖啡礼品卡的相关界面。

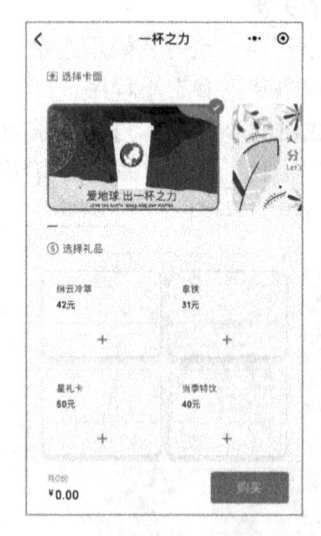

图 5-2　利用"星巴克用星说"小程序向他人赠送咖啡礼品卡的相关界面

一杯咖啡就几十块钱，但向他人赠送咖啡时，承载的意义就不仅仅是那几十块钱，而是赠送者的一片心意。而这也让"星巴克用星说"小程序成为潮流风尚的引领者。

例如，在上班的时候，如果老板通过该小程序向员工赠送咖啡，员工可能会因为这份让他们特别提神的心意而感动。又例如，在天气比较寒冷时，如果小情侣中的男方通过该小程序向自己的女朋友赠送一杯咖啡，虽然并不能当即喝到咖啡（因为用户在收到赠送信息后，需要去实体店兑换），但是那种暖暖的感动却能久久萦绕心间。

众所周知，使用智能手机、喜欢创意的大多数是年轻人，因此，占领了年轻人的市场基本就相当于占领了大部分市场。所以，要想自己的小程序快速获得突破，运营者必须重点服务好年轻群体，尤其是"80后"和"90后"的群体。

同时，小程序必须要有一定的创新，以满足年轻群体的需求，并且具备华丽但不烦琐的应用程序界面，这样才能更加吸引人，再加上推广的辅助，就能够更好地使更多人了解你的小程序。

5.1.3 特色凸显个性

随着小程序的不断发展，能够满足用户各种需求的应用程序越来越多。例如，用户要休闲娱乐一下，既可以用"爱奇艺""腾讯视频"等看视频，也可以玩用"跳一跳""欢乐斗地主"等游戏。因此，在这种市场背景下，运营者的小程序如果没有一定的特色，就很难成为用户的选择。

运营者在打造特色小程序时，有一点需要特别注意，那就是要围绕企业的核心业务进行。这一点"炉石相册"小程序便做得很好。用户在进入该小程序后，可以在如图5-3所示的"制作卡牌"界面设计自己的卡牌。而卡牌制作完成后，还可以发送至如图5-4所示的"牌库"界面，让其他用户查看。

图5-3 "制作卡牌"界面　　　　图5-4 "牌库"界面

"炉石相册"小程序之所以可以获得成功，主要在于用户可以借助模板，制

作类似《炉石传说》这款游戏中的卡牌。如图5-5和图5-6所示分别为在"炉石相册"小程序中制作的卡牌和游戏《炉石传说》中的卡牌。

图5-5 在"炉石相册"小程序中制作的卡牌　　图5-6 游戏《炉石传说》中的卡牌

从中不难看出，在"炉石相册"小程序的中制作的卡牌，基本可以在游戏《炉石传说》中以假乱真。所以，许多喜欢玩《炉石传说》的用户会觉得"炉石相册"小程序很有意思。而该小程序也借助该特色功能获得了大量用户。

在品牌营销中，只有整合有价值的媒体资源才能让营销效果最大化，"创意+整合"才是移动营销的关键点。如果小程序运营者能够围绕品牌的主要业务打造特色小程序，那么，看似只是在运营应用软件，实际上却能起到稳固用户关系、培养核心用户的作用。

5.1.4　面向特定用户

随着各类应用数量的不断增加，市场已经渐趋饱和，用户需求较大的内容势必会面临较大的竞争。在这种情况下，运营者与其看什么用户需求大就做什么，不如提高小程序的倾向性，为特定的用户服务，通过对长尾需求的捕捉，获得更多的发展机会。

"预测宝宝长相"就是一款很有针对性的小程序，用户可以通过相册上传或拍照的方式选择爸爸妈妈的照片，然后选择孩子的性别，之后就可看到未来宝宝的长相，如图5-7所示为该小程序的相关界面。

这款小程序的功能虽然比较简单，但抓住了用户预测孩子长相的需求，所以获得了不少用户。该小程序虽然没有直接销售产品，但也借助获得的流量，通过帮他人做广告成功获利。

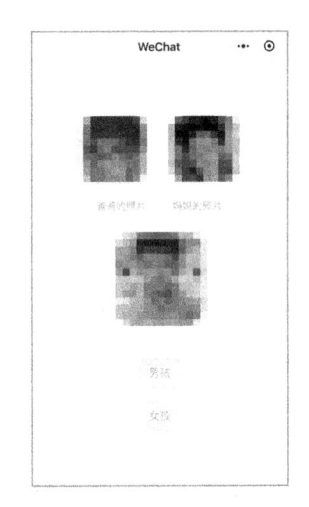

图 5-7 "预测宝宝长相"小程序的相关界面

对于营销，小程序运营者需要明白一点，那就是一款小程序能否取得成功，关键不在于该小程序有多少人可以用，而在于有多少人愿意用。有时候与其针对主流需求，和大量运营者争夺一块大蛋糕，不如针对特定用户，获得被其他运营者忽略的一块小蛋糕。

5.2 想"赢销"还得会营销

随着网络技术的发展，各类资讯迅速传播，每个人每天可以接触到的信息越来越多。在这种情况下，如果目标用户都不知道品牌或产品的存在，那么要获得发展无异于痴人说梦。

因为小程序是一个新生事物，所以很多用户并不熟悉小程序。此时，如果小程序运营者不进行必要的营销，那么"赢销"也许真的就遥遥无期了。本节作者就对几种常见的营销思路进行盘点，帮助运营者更好地通过营销获取用户。

5.2.1 社交营销发挥"网红"力量

社交营销即借助社交关系对小程序进行宣传。随着移动互联网的发展，社交网络成为电商流量的最佳入口，因为将朋友变为顾客远比将顾客变为朋友更容易。社交网络中存在一系列个性化且独立的入口，通过这些入口，可将用户聚集到一起。

此时，将电商元素添加到社交网络中就变得水到渠成，甚至还有人提出了"无社交不电商"的看法。电子商务模式的发展，使得开店成本和运营成本不断增加、市场竞争逐步激烈。同时，互联网创业者在微信、微博等社交平台上看到了新的希望，这就产生了一个新的商业模式——社交电商。

在社交电商时代，哪些行业会首先打开商业之门，借助风口获得巨大的价值呢？目前来看，当属 2016 年兴起的"网红"。互联网的成熟大大降低了电商创业的成本，让更多人的梦想得以实现。而到了以粉丝经济为基础的"网红经济"时代，创业者的成本将变得更低，而回报也会更大。

移动互联网带来了"去中心化"的商业模式，一大群"网红"跳过了"中心"，直接展现在人们面前。这里的"中心"主要指过去的明星通常要经过的漫长的成长期、宣传期等，才能通过有限的电视、报纸杂志等媒体渠道被人们看到，而且基本上都是单方面、固定的内容形式，他们与粉丝之间缺乏互动交流，无法知晓粉丝的需求。

而如今，"网红式"的人物 IP 对传统的成名和吸金机制进行了彻底的颠覆，并且使很多行业的生态链发生变化。而在这种"去中心化"营销模式的兴起中，社交起到了非常关键的作用。

例如，"iDS 大眼睛社区""大眼睛买买买商店""大眼睛买买买全球店"小程序 CEO 于小戈凭借《时尚芭莎》前中国区执行主编的身份，与网友积极互动，收获了大批微博粉丝。

由此看来，将于小戈说成是一个"网红"应该是不为过的。于小戈所取得的成绩，可以说是与粉丝的支持离不开的。也正因为有足够的影响力，所以"iDS 大眼睛社区""大眼睛买买买商店""大眼睛买买买全球店"小程序一经上线，就受到了许多用户的拥护。

其实，于小戈的小程序的成功除了其提供的内容对用户有足够的吸引力，还得益于"网红经济"下粉丝的购买力。试想一下，如果于小戈只是一个名不见经传的普通人物，又会有多少人愿意去这些微信小程序平台购物呢？

"网红经济"背后的支撑是粉丝经济与时代经济，"网红"活动在各社交平台、直播平台及电商平台上都拥有上千万的粉丝，其粉丝经济是前所未有的。

● 5.2.2 活动营销让用户看过来

活动营销是通过整合相关的资源来策划相关活动，从而销售产品、提升企业形象和品牌知名度的一种营销方式。在小程序平台推出营销活动，能够提升客户的依赖度和忠诚度，更有利于培养核心用户。

活动营销是各种商家最常采用的营销方式之一，在小程序上常见的活动营销包括抽奖营销、签到营销、红包营销、折扣营销和团购营销等。

对于小程序，特别是电商类小程序，最常用、最有效的营销方式就是活动营销。许多电商类小程序通常会采取"秒杀""清仓"等方式，以相对优惠的价格吸引用户购买产品，增加平台的流量。

如图 5-8、图 5-9 所示分别为"拼多多"小程序中的"限时秒杀"和"品牌清仓"界面，这两种优惠活动就是典型的活动营销。

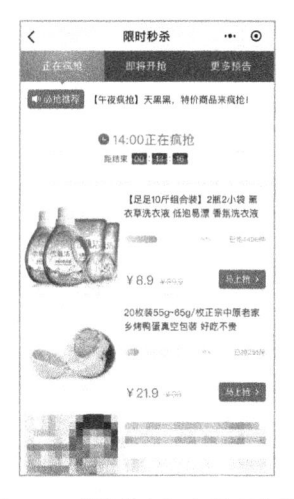

图 5-8　"拼多多"小程序中的"限时抢购"界面

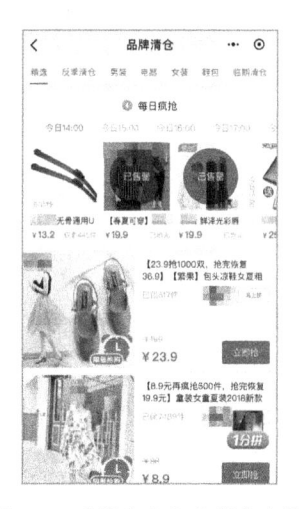

图 5-9　"拼多多"小程序中的"品牌清仓"界面

活动营销的重点往往不在于活动的表现形式，而在于活动的具体内容。也就是说，小程序运营者在做活动营销时需要选取用户感兴趣的内容，否则难以收到预期的效果。

对此，小程序运营者需要将活动营销与用户营销结合起来，以活动为外衣，以用户需求为内容进行填充。例如，当用户因商品价格较高不愿下单时，运营者可以通过发放优惠券的方式，适度让利，实现薄利多销。

5.2.3　饥饿营销渲染热销场面

饥饿营销是一种常见的营销战略，但饥饿营销的前提是产品要有一定的真实价值，并且品牌要有一定的影响力，否则目标用户可能并不会买账。饥饿营销实际上就是通过降低产品供应量，造成供不应求的假象，从而形成品牌效应，达到快速销售产品的目的。

在小程序营销中，如果饥饿营销运用得当，其产生的效果是很明显的，对长期发展十分有利。如图 5-10 所示为"苏宁易购"小程序中某电源插座饥饿营销的相关界面，其就是通过以极低的价格销售数量有限的产品的方式，推动有需求的用户进行抢购。

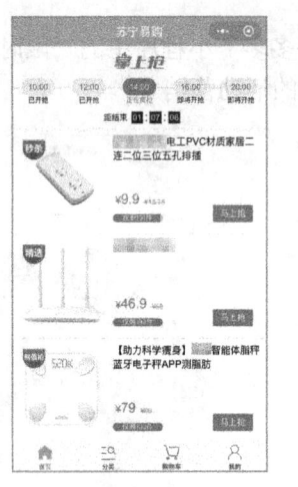

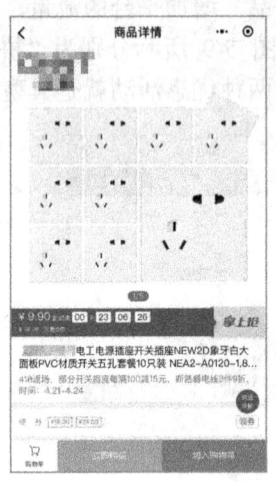

图 5-10 "苏宁易购"小程序中某电源插座饥饿营销的相关界面

对小程序运营者来说，饥饿营销主要可以起到两个作用。一是获取流量，制造短期热度。例如，在该电源插座的此次秒杀活动中，受价格的影响，大量用户将购买该产品。二是增加认知度，随着此次秒杀活动的开展，许多用户在之后一段时间内会对该品牌的印象较深，品牌的认知度获得提高。

5.2.4 口碑营销获取持续动力

在互联网时代，用户很容易受到口碑的影响，当某一事物受到主流市场推崇时，大多数人都会对其比较认可。对运营者来说，口碑营销主要是通过打造小程序产品的良好口碑，以好评带动流量，让更多用户出于信任而使用小程序进行购物。

常见的小程序口碑营销方式包括经验性营销、继发性营销和意识性营销，接下来，作者就分别进行简要解读。

1. 经验性营销

经验性口碑营销主要从用户的使用经验入手，通过用户的评论让其他用户认可产品,从而产生营销效果。如图 5-11 所示为某小程序中部分用户发布的商品评论。

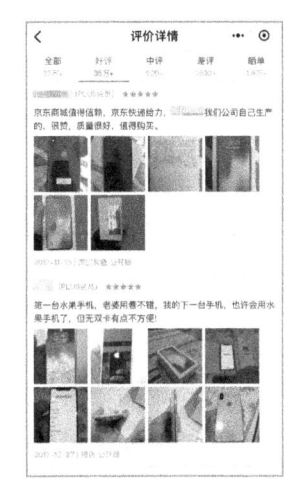

图 5-11 某小程序中部分用户发布的商品评论

随着电商购物的发展,越来越多的人开始养成这样一个习惯,就是在购买某件产品时一定要先查看他人对该产品的评价,以此对产品的质量进行评估。而小程序中某件商品的总体评价较好时,产品便可凭借口碑获得不错的销量。

例如,在上面这两幅图中,其他用户对产品的评价都为 5 星,所以,当某一用户看到这些评价时,可能会认为这些产品总体比较好,并在此印象下将其加入购物清单,这样一来,产品便借由口碑将营销变为"赢销"。

2. 继发性营销

继发性口碑的来源较为直接,就是小程序用户直接在小程序平台上了解相关信息,逐步形成口碑效应。

以"拼多多"为例,在该小程序中,用户可以通过限时秒杀、品牌清仓、9 块 9 特卖等活动,获得一定的优惠。而且在购买某件产品时,也能通过开团进一步获得价格优势,"拼多多"便借助这个优势在用户心中形成了口碑效应。

3. 意识性营销

意识性营销就是利用名人效应进行产品口碑营销,往往由名人的名气决定营销效果,同时明星的粉丝群体也会进一步帮助提升产品的形象,有助于打造产品品牌。

相比于其他推广方式,请明星代言的优势在于,明星的粉丝很容易"爱屋及乌",在选择产品时,有意识地将自己偶像代言的品牌作为首选,有的粉丝为了扩大偶像的影响力,甚至还会主动对明星的代言产品进行宣传。口碑营销实际上就是借助从众心理,通过用户的自主传播吸引更多用户。

5.2.5 话题营销引爆销售热潮

简单来说,话题营销就是通过热点话题助力营销。利用话题营销进行热点引爆是众多运营者期待的事,但在这个信息爆炸的时代,运营者要想通过热点话题吸引并打动受众,进而将受众转化为小程序的用户,并不是一件简单的事,在此过程中掌握一定的方法和技巧是必不可少的。

虽然效果较好的话题营销对小程序的发展具有较强的推动力,但是,要让话题营销获得预期的效果却并不容易。当然,如果运营者能找到合适的切入点,那话题营销获得成功的概率相对要大一些。总体来说,小程序话题营销的切入点主要有3个,具体如下。

1. 有影响力

对小程序运营者而言,话题的作用就是提升社会影响力,在社会影响力达到一定程度时,再利用其进行小程序营销。富有影响力的话题,受众多、价值大,对小程序营销的影响范围广、程度深,并且效果好。

富有影响力的话题都是从受众群体的特点出发的,越接近小程序的受众群体,话题营销的影响力就越大。

2. 有知名度

与明星相关的话题往往尤其具备生命力,明星的一举一动都有可能成为热点话题。在知名度方面,涉及的人物、地点和事件的知名度越高,大众的注意力就越集中,事件价值也越大。

对此,小程序运营者可以通过邀请名人代言的方式,将话题营销和口碑营销进行融合,在给小程序造势的同时,以名人效应带动口碑,为小程序的发展提供持续推动力。

3. 有话题性

大众都是有好奇心的,所以利用好奇心制造话题也是实现成功营销的一个途径。新奇感能够让小程序营销的话题更具传播性,适当程度的标新立异可以取得较好的效果。

例如,"微信公开课"就曾利用"喂,金拱门吗?我要一个 20 万人每天都在用的小程序"的新奇话题,对"i麦当劳"小程序进行营销推广。

许多人在看到"20 万人每天都在用"时,都会产生一定的兴趣,这就是新奇话题的魅力所在。虽然新奇的话题并不一定能让用户成为小程序的核心用户,但能在宣传的同时获得大量新用户。

5.2.6 借力营销善用他人之力

借力营销是一种合作共赢的模式,主要指借助外力或他人的优势资源来实现自身的目标。例如,在小程序的推广过程中,运营者在遇到自身无法完成的工作时,如果有别的企业擅长这方面的工作,就可以通过合作达成目标。

随着小程序的发展,在借力营销中,主要有 3 方面的内容,具体如下。
(1)品牌借力。借助其他知名品牌,快速提升小程序的知名度和影响力;
(2)用户借力。借助其他平台中用户群体的力量,宣传小程序及其产品;
(3)渠道借力。借助其他企业擅长的渠道和领域,通过合作来实现共赢。

如图 5-12 所示为"成语猜猜看"小程序借力爱奇艺进行营销的相关界面。该小程序的相关人员通过将视频上传至爱奇艺平台,借助视频向爱奇艺的用户宣传小程序,从而增加小程序的宣传力度和影响范围。

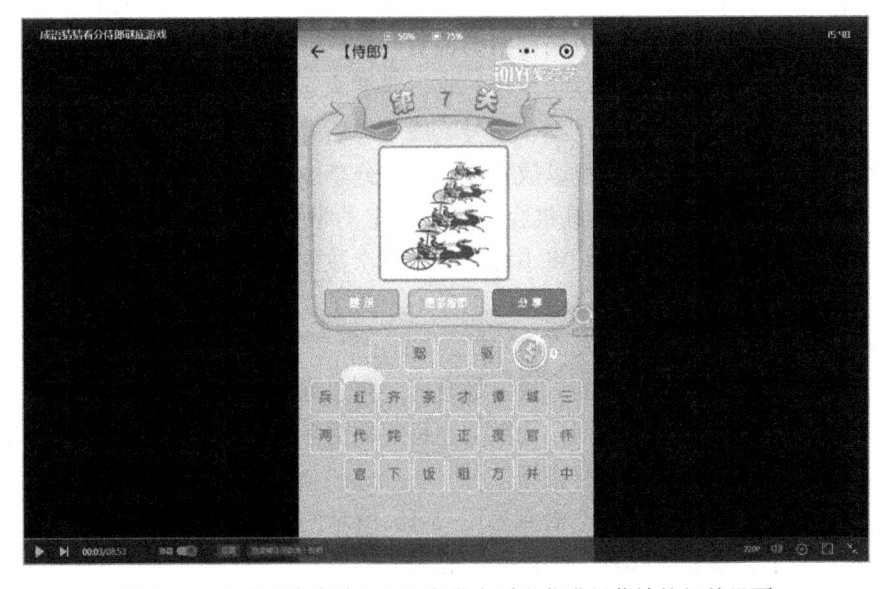

图 5-12 "成语猜猜看"小程序借力爱奇艺进行营销的相关界面

借力营销能获得怎样的效果，关键在于借力对象的影响力。所以，在采用借力营销策略时，小程序运营者应尽可能地选择影响力大且具有大量目标用户的平台，不能抱着广泛撒网的想法到处借力。

这主要有两方面的原因。首先，小程序运营者的时间和精力是有限的，这种广泛借力的方式对大多数运营者来说是不适用的。其次，如果只盲目借力，而不能将信息有效传递给目标用户，很可能花了大量的时间和精力，却无法取得预期的效果。

5.3 小程序营销讲的是策略

营销是一个系统工程，不仅需要采取正确的营销方式，还要掌握必要的营销策略。在微信小程序的营销过程中，主要有 3 大营销策略，如果运营者能够充分运用，将取得事半功倍的效果。

● 5.3.1 用户就是你的宣传员

当看到"用户就是你的宣传员"这句话时，有的运营者可能会有疑惑，因为在前面章节中作者曾提到，微信是不允许诱导用户分享小程序的，这在微信"运营规范"中的"行为规范"版块有明确说明。

但如果仔细看相关内容就会发现，它只是要求运营者不能在小程序页面中引导用户分享，至于其他地方，如公众号、线下场所等，微信小程序既没有要求，也没有管理的权利，运营者可以放心鼓励用户分享小程序。

对此，运营者可以把握好机会，通过一定的举措鼓励用户分享小程序，例如，可以在线下举行活动时，将小程序的分享次数作为评判标准，对分享次数较多的用户给予一定优惠。这样一来，部分用户为了获得福利，势必会充当小程序宣传员的身份，帮小程序广发"名片"。

随着微信小程序新功能的开放，运营者还可以通过"社交立减金""社交礼品券"等，借助用户的关系网，让微信小程序被更多人熟知。"拼多多"小程序在"社交立减金"方面就做得很好。

用户在进入该小程序后会看到如图 5-13 所示的送红包对话框。当用户单击该对话框之后，会进入如图 5-14 所示的拆红包界面。而用户要想获得红包，就需要邀请好友一起参与。这样一来，用户为了获得红包，就只能选择充当"拼多多"小程序的宣传员了。

图 5-13 送红包对话框

图 5-14 拆红包界面

5.3.2 给用户创造使用机会

对小程序来说，实用性可以说是制胜法宝之一，那么如何体现小程序的实用性呢？其中较为简单和直接的一种方法就是提供特定的实用场景，创造机会让用户使用小程序。

这一点对以功能取胜的小程序来说尤为重要，因为实用场景的创造不仅能增加小程序的使用率，更可以实现对品牌的有效宣传，只要使用场景做得好，就有机会争取到大量用户。"摩拜单车"小程序就是一个很好的例子。

为了让品牌得到宣传，"摩拜单车"先是以数量取胜，将大量单车放置在道路旁，如图 5-15 所示。这一举措实际上就是利用随处可见的租赁物——单车来方便用户的使用。

用户在打开"摩拜单车"小程序后，进入默认界面。在该界面中，用户不仅可以清晰地看到离自己最近的单车，减少不必要的找车时间；还可以在"摩拜单车"小程序中直接扫码开锁，如图 5-16 所示。

正因为"摩拜单车"小程序通过单车定位和扫码开锁为用户带来诸多便利，越来越多的用户开始使用该小程序。而在此过程中，该小程序的单车定位和扫码开锁功能的真正作用就是提供特定使用场景。

图 5-15 路边的摩拜单车

图 5-16 在"摩拜单车"小程序中直接扫码开锁

5.3.3 尽早入场，占据有利位置

当一种新生事物出现时，要想获得发展，方法多种多样，但如果能及早入场，获胜的概率往往要更大一些。小程序也是如此，如果运营者尽早发布小程序，那小程序的发展契机通常也会更多一些。

除了尽早发布，微信认证对于小程序的发展同样至关重要。这主要体现在两方面。一方面，微信小程序接入指南明确指出："政府、媒体、其他组织类型账号，必须通过微信认证验证主体身份。认证通过前，小程序部分功能暂无法使用。"也就是说，通过微信认证之后，小程序才可以获得更多功能。另一方面，从用户的角度来看，经过微信认证的小程序相对来说更可靠一些。这跟顾客在挑选食品时，将有检验合格和生产许可标志的食品作为优先选择是同一个道理。

微信认证对小程序这么重要，那小程序如何进行微信验证呢？对于这个问题，"微信公众平台|小程序"中的"微信认证指引"版块进行了具体说明。微信公众平台为用户提供了两种微信认证方式，接下来，作者将分别进行说明。

1. 在"首页"进行验证

小程序运营者可以在"微信公众平台|小程序"的首页，进行微信验证，具体步骤如下。

步骤 01 ❶登录"微信公众平台|小程序"；❷单击"首页"界面的"认证"按钮，如图 5-17 所示。

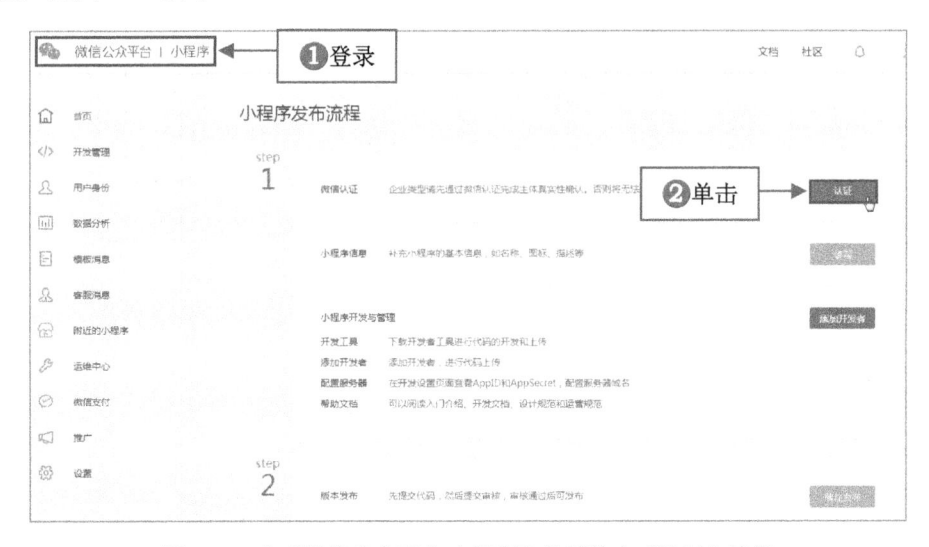

图 5-17 在"微信公众平台|小程序"首页单击"认证"按钮

步骤 02 在操作完成后，❶进入"微信认证"界面；❷小程序运营者需要仔细阅读页面中的内容；❸单击下方的"申请微信认证"按钮，如图 5-18 所示。

步骤 03 在执行操作后，❶进入"选择验证方式"界面；❷选择验证方式；❸单击下方的"下一步"按钮，如图 5-19 所示。

步骤 04 在完成上述操作后，❶进入"帐号[1]认证"界面；❷检查手机号码，

---

1 本书中使用"账号"一词。

▶▶ 微信小程序运营：创意设计+渠道布局+用户运营+营销转化

并在获取和填写验证码；❸单击下方的"提交"按钮，提交微信认证申请，如图 5-20 所示。

步骤 05 在微信认证申请提交后，相关人员会对信息进行审核。如果审核通过，运营者再进入"小程序发布流程"界面，便会看到界面中"微信认证"一栏显示"已完成"，如图 5-21 所示。

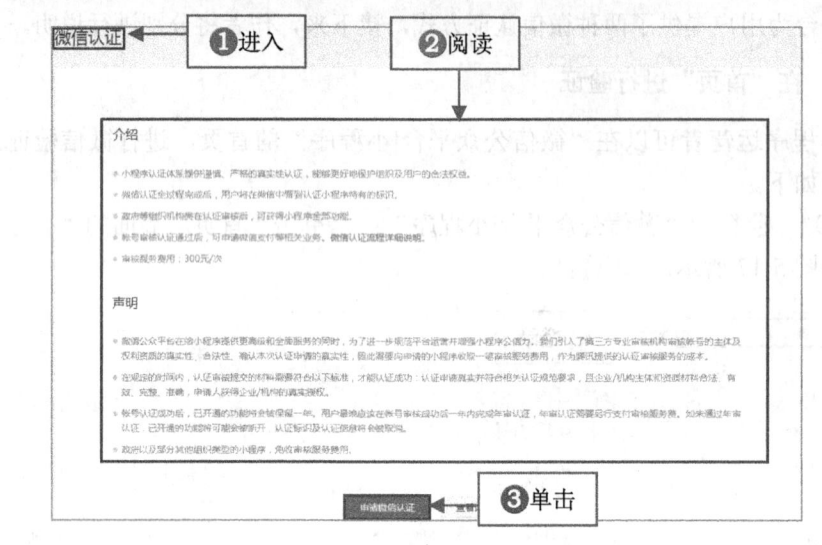

图 5-18 "微信认证"界面

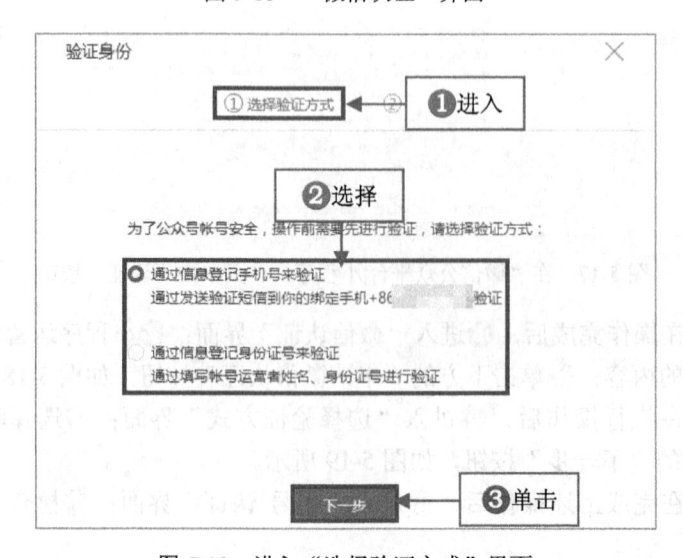

图 5-19 进入"选择验证方式"界面

— 102 —

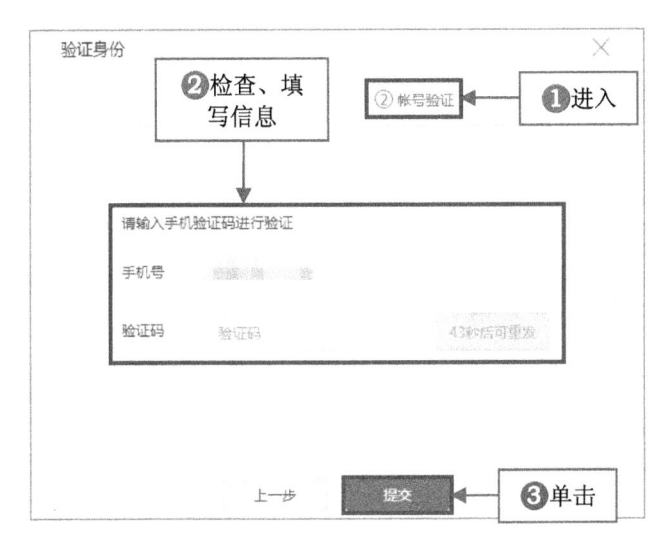

图 5-20 "帐号验证"界面

图 5-21 微信认证已完成

2. 在设置中进行验证

微信认证的另一个入口是"设置",小程序运营者可通过如下操作进行微信验证。

步骤 01 登录"微信公众平台|小程序",❶单击左侧菜单栏中的"设置"按钮;❷进入如图 5-22 所示的"基本设置"界面。

步骤 02 单击"基本设置"界面"微信认证"后方的"详情"超链接。在操作完成后,页面将转至如图 5-18 所示的"微信认证"界面,之后重复上一方式的步骤。

>> 微信小程序运营：创意设计+渠道布局+用户运营+营销转化

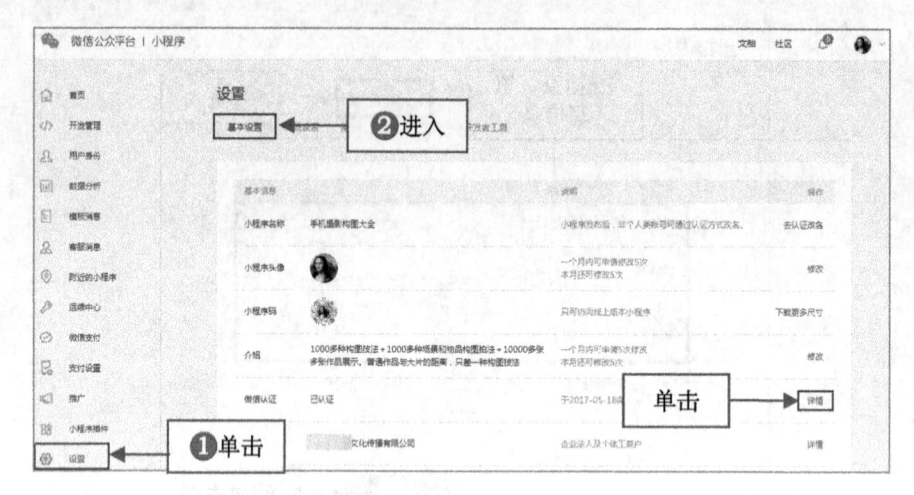

图 5-22 "基本设置"界面

第 6 章

13 个场景营销策略，给用户一个消费的理由

6.1 场景思维下的商业重塑

场景原指影视剧中的场面、情景，一个个场景的衔接，构成了影视剧的故事情节。其实，在现实生活中，我们时时刻刻都处于各种场景中。

例如，作者右手拿着咖啡，坐在电脑屏幕前构思接下来的内容，这就是一个场景。大家在闲暇的午后，坐在阳台上，手捧本书，这同样是一个场景。唯一不同的是，在这些场景中，我们自己是场景中的"主角"。

在移动互联网时代，场景是创造新价值的一种方式。在场景思维中，商业竞争已经不再是简单的流量争夺，而是场景的争夺。在这种大环境下，商业开始面临重塑，谁拥有了场景就相当于拥有了市场。

6.1.1 你了解所谓的场景思维吗

所谓场景思维，简单理解就是通过场景来思考。例如，小程序运营者要想更好地引导消费者购买产品，就需要知道在怎样的场景下，消费者更愿意使用该产品，这便是产品使用的场景思维。

场景营销需要通过场景构建来实现，而场景的效果又取决于构建场景的思维。因此，在此过程中，场景思维就变成了场景营销的关键。那么，小程序运营者应该用什么样的思维做场景呢？作者个人认为，有3种思维或许可以给小程序运营者提供参考，具体如下。

1. 以用户为中心

随着购物条件的改变，消费者的需求也开始发生了一些变化。在电子商务出现以后，消费者有了更多的选择空间。所以，大多数消费者更注重以更低的价格获得某种产品。

而在购物选择进一步增多之后，购买到便宜的商品已经不是一件难事了，与此同时，消费者渴望获得更好的购物体验，于是市场导向也随之发生了变化，由以产品为中心、由产品价格主导的市场，变成了以用户为中心、由用户体验主导的市场。

对微信小程序运营者来说，只有将市场主流的需求融入场景思维，构建的场景才能更加深得人心。

所以，在价格主导市场的时代，运营者在做场景时，只需用低价便可以获得一大批消费者的认可。这也是淘宝、京东等电商平台得以发展的重要原因。而到了体验主导市场的时代，消费者需要的是获得更好的购物体验。此时，小程序运营者可能很难再仅用低价取得突破。

这主要有两方面的原因，首先，在大多数电商平台中，产品的价格都比较低，运营者很难再从价格方面取得明显优势。其次，用户购物的关注点已经转移到购物体验上，如果购物体验不是太好，即使在价格上取得了优势，可能也无法将消费者留住。

当然，这也并不是说因为消费者注重购物体验，就可以忽视价格因素，而是说要在保证价格优势的同时，通过场景思维为消费者营造更好的购物体验，增加消费者购物的附加值。

2. 探寻新的出路

在市场日益饱和的形势下，运营者与其在现有市场中挤破脑袋来争取一席之地，不如寻找一条新出路，通过其他途径在新市场中占据一个好位置。

例如，随着 App 的发展，能够满足消费者购物需求的 App 越来越多，但是消费者经常使用的只有几个。所以，与花费大量时间和精力争夺 App 的消费市场相比，在刚发展起来的小程序中打造电商平台来分得一块市场蛋糕，无疑是一种更明智的选择。

很多时候，跨界融合就是实现"1＋1＞2"的新出路，例如，单车和二维码原本似乎是毫无关系的，但是，共享单车却通过跨界将两者进行了很好的结合，也取得了不错的效果。

3. 场景应该被记忆

小程序运营者构建场景的目的就是给潜在消费者留下印象，让受众在对产品有需求时，回想起运营者为之构建的场景，并在场景的暗示下，选择小程序运营者的产品。

其实，许多品牌请明星代言，并进行轰炸式的广告营销就是这个道理。当产品通过广告构建的场景传达至受众的大脑时，受众对该品牌就会有一定的印象。所以，在对该产品有需求时，受众很可能会想到曾经看到过某个品牌的广告，而且从广告来看，这个品牌的产品还挺不错的，于是自然而然地就将其作为购买对象了。

当然，就像打广告一样，小程序运营者在进行场景营销的过程中，一定要通过各种方法，尽可能地让场景和场景中的产品被受众记住。因为只有这样，运营者构建的场景才能在受众的头脑中留下深刻的印象。

而场景在受众心中留下的印象又与其产生的影响直接相关。如果场景不能给受众留下印象，那么，受众即使是对场景中的产品有需求，也不能想到该场景。

这样一来，小程序运营者构建场景的种种努力就相当于白做了。

所以，从场景营销的效果出发，小程序运营者一定要想方设法让受众记住场景。当然，具体的方法因人而异，运营者既可以利用语言的艺术进行宣传，也可以通过赠送福利来增加场景营销的影响力。

6.1.2 商业场景争夺愈演愈烈

随着场景营销的发展，越来越多运营者开始明白，与其一味地向用户夸耀产品的优势，说一些自己都不相信的话，倒不如通过场景的营造，让目标用户看到产品的价值。正因为如此，越来越多的运营者开始注重场景的营造，场景争夺战也愈演愈烈。

虽然运营者争夺场景的方式不尽相同，但是，其争夺策略大致可以分为3类，具体如下。

1. 向同行要市场

在部分运营者看来，一个行业内的市场总份额是固定的，而获得份额的多少在一定程度上又取决于运营者给消费者提供的场景的多少。所以，这部分运营者的策略就是通过加大投入规模，为消费者创造更多的使用场景。

这一点在竞争比较激烈的行业中较为常见。以共享单车为例，我们在大街上经常可以看到在某一区域摆放着各种品牌的共享单车，如图6-1所示。而不同品牌的共享单车又有不同的代表颜色，因此，有人调侃"共享单车的颜色不够用了"。

图6-1 各种品牌的共享单车

之所以会出现这种情况，就是因为共享单车的运营者为了与同行竞争使用场景，大量增加共享单车的数量。当然，对共享单车运营者来说，这是在竞争中生存下来的必要措施，但是，在缺少整治措施的情况下，这造成了共享单车的堆积乱象，如图6-2所示。

图6-2 共享单车的堆积乱象

2. 抱团谋求发展

俗话说得好："一根筷子易折断，十双筷子抱成团。"单个小程序的力量终归是比较有限的，如果能够将他人的力量为自己所用，那么能够获得的影响力自然会提升。

所以，部分企业开始与其他企业进行跨界合作，共同构建场景。例如，当用户使用 GPS 导航时，如果有购物需要，系统会优先给用户推荐合作企业在附近的店铺。而当用户在店铺购物时，又被告知使用某银行的银行卡支付可以获得一定的优惠。这样一来，GPS、店铺和银行之间便通过综合场景联系到一起。

而对用户来说，有的东西虽然不一定用得到，但是放在那里也不碍事，甚至有可能会觉得虽然现在用不上，但以后可能会用得上。

这就好比人们需要购买小刀、剪刀、开瓶器时，可能会直接买一个瑞士军刀。虽然瑞士军刀中除了这些还有很多其他的工具。但它能够折叠，所以并不碍事。而且说不定以后就会用到其他工具，这样直接买一个瑞士军刀就省时省力了。

通过跨界合作与其他企业共同构建场景虽然有捆绑销售之嫌，但是，只要处理得当就不会让目标用户感到反感，而且随着品牌曝光度的增加，还能在一定程度上提高产品的销售量。

3. 扩大势力范围

在网购还未兴起、物流还不太完善的时代，店铺的销售大多只能在买卖双方都在场的情况下进行当面交易。这就导致店面的销售活动被限定在一定的范围内，也就是说，店面的销售范围存在一个销售半径，一旦超过半径，销售活动很可能难以取得预期的效果。

举个简单的例子，一个只在长沙做线下粮食销售的店面，它的销售范围就只局限在长沙周边。虽然北京肯定也有人需要买粮食，但这个店铺不会把自己的粮食拿到北京去卖。

这主要有两方面的原因，首先，这个店铺的主要业务在店铺周边，还未在北京地区建立完善的销售网络，不会贸然尝试将销售做到北京去。其次，从长沙到北京的距离比较远，运输费用相对来说比较高，如果店铺要把粮食运去北京，很可能不仅赚不到钱，还要亏本。

但是，随着近年来电子商务的发展，物流网络日益完善，与快递公司长期合作，将物品从长沙寄到北京的费用并不高，再加上小程序等工具让网上开店变得越来越方便，所以，长沙的粮食卖到北京也能够赚到钱。

正因为如此，越来越多的企业开始通过新渠道构建场景，扩大自己的业务范围。例如，一个销售湖南特产的实体店，可以通过微信小程序搭建线上销售平台，再通过宣传，引导潜在消费者下单，扩大品牌的影响范围，将产品销售到全国各地。

● 6.1.3 场景应用的关键在于抓痛点

在消费者主导市场的时代，营销活动的实际效果不是由小程序运营者决定的，而是要看消费者是否真的买账。因此，小程序运营者在做场景应用时应该注意抓住消费者的痛点。

1. 直击痛点

进行场景应用不是随便结合产品做出场景给潜在消费者就行的。在此过程中，场景呈现的内容才是关键。对消费者来说，只有看见有用的东西，他们才会愿意掏钱购买。而消费者眼中的"有用"，实际上就是消费的痛点。

很多时候，小程序运营者的产品销量不好，并非消费者不愿意购买，而是运营者没有找到痛点，给消费者一个说服自己进行购物的理由。

例如，一件不怎么起眼的衣服，运营者将其放在自己的小程序电商平台中，可能大多数人对它并不会感兴趣。但是，如果在商品介绍中，将其描述为某明星同款，就有可能获得不错的销量。

可以看到，在这个例子中，衣服还是那件衣服，它本身是没有任何变化的。但是，因为运营者为这款衣服构建的场景发生了变化，所以在消费者眼中这款衣服代表的价值也有了明显的差异。

当这款衣服作为一款普通衣服在小程序电商平台中销售时，消费者可能会觉得自己衣服多得是，而这款衣服本身又没有太多亮点，所以也就完全没必要花这个"冤枉钱"。但当这款衣服被赋予某明星同款的意义时，消费者就会觉得这位明星穿着真好看，并不自觉地提高对衣服的印象分，认为自己穿上这件衣服可能也会很好看，而且能够拥有一件明星同款也是一件"长脸"的事。所以，在这种情况下，消费者自然会愿意花钱购物。

之所以会出现这样的结果，就是因为"明星同款"让衣服有了其他的附加值，而这个附加值实际上就是消费者痛点的体现。

2. 呈现痛点

在很多时候，抓住消费者的痛点是一回事，能够利用痛点引导消费者完成购物又是另外一回事。

例如，消费者在购买生鲜食品时，可能关注更多的是商品拿到手中时是否足够新鲜。对于这一点，销售生鲜食品的电商肯定也是知道的。所以，运营者大多会通过不同方式来进行保鲜。

而事实是，当运输距离较远、运输时间较长、气温较高时，运营者即使在第一时间发货，并竭力做好保鲜措施，消费者拿到商品时仍有可能发现商品已经不那么新鲜了。所以，消费者会觉得这是一次不太愉快的购物。

更可怕的是，消费者对购物体验的不满会以商品评价的形式传达给其他消费者。这样一来，其他消费者在查看商品评价时，呈现在眼前的场景就是"商品到手时就不新鲜了"。

可以看到，在上面这个例子中，运营者是想根据消费者的痛点来构建场景的，但实际呈现的场景却有所出入，而最终取得的效果也会与预期有一定的差距。

因此，小程序电商运营者在进行场景营销时，千万不要以为配合消费者的痛点构建场景就够了，还要尽可能地做足准备，确保场景能够让消费者获得预期的体验，否则运营者的场景营销很可能就是失败的。

3. 场景真实

小程序运营者为消费者构建的场景，有时候就是让消费者在获得商品之前先获得部分体验，例如，在消费者购买手机时，运营者必须要向其展现手机的相关功能，让消费者认为这个手机确实能满足自身的需求。

而线上销售最大的弊端就在于消费者不能亲自体验产品，所以，如果小程序电商运营者不能通过场景的构建获得消费者对产品的认可，那么消费者很难放心地进行购买。

同样是买手机，在线下购买时，消费者可以试用手机，这样在完成销售之前，消费者便能获得真实的使用感受。而在线上购买手机时，消费者对手机的了解在很大程度上依赖店铺中的商品介绍。

所以，相比之下，线下销售显然能够给消费者带来更直观的体验。这也是为什么大多数人还是选择在实体店购买手机。当然，这并不是说像手机这种对使用体验有要求的产品就不适合在线上进行销售，而是说运营者要打动消费者，就需要在线上为消费者构建更真实的使用场景。

6.1.4 销售的每个阶段皆可营造场景

对小程序电商运营者来说，衡量场景营销成效最直接的标准就是构建的场景能否带来销量的提升。那么，如何用场景带动销售呢？作者个人认为，小程序电商运营者可以在整个销售过程中营造场景，用场景赋予销售动力。

小程序电商运营者可以分别在售前、售中、售后这3个阶段构建场景，具体分析如下。

1. 售前阶段场景营造

售前阶段场景营造最重要的一点就是让平台成为潜在消费者的选择。对此，小程序电商运营者需要做的就是让潜在消费者在认识小程序电商平台的同时，看到平台的优势。

对此，小程序电商运营者不仅要通过场景构建做好宣传工作，更要保证产品的质量、控制产品的价格，毕竟质量和价格才是影响消费者购物的主要因素。只要产品自身过硬，稍加宣传也能卖得很好，"酒香不怕巷子深"说的就是这个道理。

2. 售中阶段场景营造

售中阶段场景营造最直接的目的就是坚定潜在消费者的购物决心，促使其完成购物。当然，要达到这一点，小程序电商运营者还需要为潜在消费者提供便捷、舒适的购物体验。

例如，随着生活节奏的加快，人们购物的时间日益碎片化。很多消费者可能没有太多时间用在购物上,他们可能会希望在几分钟内完成购物。基于这一点,小程序电商运营者需要通过明确的导航等为消费者做好购物引导,让消费者能够更好、更快地找到自己需要的东西。

3. 售后阶段场景营造

虽然销售结束就表示小程序电商运营者已经完成了一笔订单,但是,这并不是一次销售活动的完结。因为在消费者完成购物之后,小程序电商运营者还需要为其提供相关的售后服务,而售后服务又在一定程度上影响了用户之后在此购物的意愿。所以,在产品销售之后,小程序运营者还需要通过服务为用户构建场景,让用户觉得钱花得值。

6.1.5 掌握构建场景的方法很重要

场景构建是场景营销的基础,如果电商运营者构建的场景达不到要求,那么即使后期的营销推广做得再好,场景营销的效果也将大打折扣,而场景构建其实是有法可循的。

通常来说,小程序电商运营者需要通过3步来构建场景,具体如下。

1. 直击核心需求

小程序电商运营者进行场景营销最直接的目的,就是让潜在消费者能够看到自己平台和产品的优势,从而通过场景把普通受众转化为消费者。

而在此过程中,有一个问题直接关系到场景营销的目的是否能够达成,那就是小程序电商运营者构建的场景是否直击目标受众的消费痛点,毕竟只有受众觉得值得的事物,他们才会愿意为之买单。

因此,在真正开始构建场景之前,小程序电商运营者还需要通过必要的市场调查了解潜在消费群体的需求,只有这样,营销场景的构建才能有的放矢。

2. 打造新的卖点

潜在消费群体需求的获取只是场景构建的基础,将需求用场景呈现出来是后续的关键环节。

例如,在共享单车出现之前,可能很多人都知道公交车不能真正解决"最后一公里"的问题。但即使知道消费者对交通工具有需求,如果没有合适的载体来满足消费者的需求,那么所有的努力就相当于"纸上谈兵"。

而且随着事物的变化发展,消费者对同一事物的需求必然也会发生变化。某一段时间内的卖点可能过了一段时间之后就变得不那么重要了。此时,小程序电商运营者需要做的就是打造新的卖点。

例如，在共享单车出现之前，人们只是找不到一个载体解决"最后一公里"的问题。但在共享单车出现、发展之后，共享单车几乎变得随处可见。而消费者也开始对消费体验、成本等提出了新的要求。面对这一变化，运营者需要做的就是让共享单车的使用更加便捷和实惠。

3. 通过宣传造势

在找到卖点之后，小程序电商运营者接下来要做的就是将卖点通过场景呈现出来，而在此过程中，场景的认知度与其影响力是密切相关的，所以，小程序运营者需要通过宣传造势让更多的潜在消费者知道场景的存在。

对此，小程序电商运营者可以采取一些措施，将产品的使用场景变成一种流行场景。共享单车之所以可以在短期内快速发展，除了随处可见的共享单车给消费者提供了便利，很重要的一点就在于它顺应了节能减排、绿色出行的时代要求。

而且骑单车作为一种运动，其对整日坐在办公室的白领来说，也是一次难得的锻炼机会。所以，越来越多的人开始对共享单车的相关内容进行分享，而共享单车也就在一次次的分享过程中成为一种流行的出行方式。

6.2 通过场景连接用户的需求

场景营造最关键的一点就是用场景直接连接用户的需求。对此，小程序电商运营者还需要掌握一定的场景营造方法和技巧，让目标用户觉得你的产品就是自己所需要的。

● 6.2.1 场景思维是构建场景的核心

场景营销的效果通常与场景构建的思维有一定关系。因为只有在场景设计中融入场景思维，小程序电商运营者才能将想要表达的内容传达给潜在消费者。如果小程序电商运营者自己都对场景把握不准，那么当消费者看到你构建的场景时，只会是一头雾水。

所以，小程序电商运营者一定要在构建场景之前，先对场景进行一些必要的设计。那么具体如何进行场景设计呢？作者在这里给大家提供 3 种思路，具体如下。

1. 探明消费者的属性

每一种产品都会有相对固定的消费人群，小程序电商运营者在进行场景营销时需要明白的一点是，场景的构建主要针对的是产品的潜在消费者，而不是对产品毫无兴趣的人。

所以，运营者在设计场景之前，还需要对产品进行定位，看看哪些人群是产品的潜在消费者，并通过调查了解潜在消费者的消费痛点，从而有针对性地为消费者设计场景。

例如，经营潮牌服饰的小程序电商运营者的主要潜在消费者是年轻人，而不是小孩子或者老人。所以，在设计场景之前，小程序运营者可以换位思考，如果自己是年轻消费者的话会有哪些需求。或者可以通过问卷调查等方式了解年轻消费者的需求，然后再将消费者需求强烈的点用场景呈现出来。

2. 通过数据了解事实

老话说得好："事实胜于雄辩。"很多时候你看到的东西或许会与事实有一定的差距。这就好比运营者在精心挑选后觉得某件产品非常好，应该会得到消费者的支持，而实际上消费者却认为其毫无用处。

所以，营销靠的不是感觉，而是事实。那么运营者怎么透过现象看到本质呢？其中一种较为直观、有效的方法就是看数据。具体来说，看数据主要需要做好两方面的工作。

首先是对数据进行分析。例如，在构建场景之前，运营者如果要了解目标消费的消费痛点，可以进行问卷调查，并对相关数据进行分析，了解消费者在购物时更看重哪些因素。又例如，在小程序的运营过程中，运营者可以结合数据对场景营销的效果进行分析。

其次是对数据进行监控。例如，小程序体运营者可以通过对数据的监控，了解消费者什么时间段使用小程序电商平台购物的频率比较高、消费者在平台中喜欢购买哪些品类的商品等。

数据分析和监控的好处就在于，通过数据，运营者可以看到当前真实的运营情况，并为未来指明方向。如果运营情况良好，运营者只需坚持场景营销即可；如果运营情况不佳，运营者便可以根据数据对场景进行调整。

3. 根据反馈进行完善

任何事物都不可能做到尽善尽美，场景设计也是如此。有时小程序运营者的场景设计可能确实有可圈可点的地方，但这并不代表没有可以改进的地方。毕竟事物是不断发展的，在"今天"看来已经足够好的东西，可能"明天"就与时代脱节了。

例如，在微商刚兴起时，微商在朋友圈进行营销还能获得不少人的关注，但当微商在朋友圈用硬广告营销了一段时间后，很多人产生了反感，会认真看营销内容的人越来越少。

所以，在设计场景时，小程序电商运营者应该抱着这种想法：没有最好的场景，只有更好、更适合的场景。一种简单、有效的方法就是通过调查了解场景营销的效果，并根据消费者的反馈进行完善。

● 6.2.2 场景描述可让用户看到需求

在一定意义上，潜在消费者对产品的认知来自运营者通过场景描述向消费者传达的信息。所以，小程序电商运营者对场景的描述实际上是与消费者对产品的需求有一定联系的。

那么小程序电商运营者如何通过场景描述激发消费者对产品的购买欲呢？作者个人认为，对于这个问题，需要从3方面进行考虑，具体如下。

1. 描述需求场景

通常来说，小程序电商运营者描述的场景需要包括3方面的内容，一是锁定目标消费者，通过场景明确哪些人群是适合这个场景的；二是通过场景展示消费者的需求；三是告诉消费者怎样可以满足需求。

例如，当销售学生奶粉的运营者向消费者呈现场景时，一定要告诉消费者，学生是最适合食用这些奶粉的，因为这些奶粉可以为学生提供钙、铁、锌等元素，帮助学生健康成长。然后再告诉消费者搜索小程序或直接扫码就可以进入微信小程序电商平台来选购学生奶粉。

在这个过程中，小程序电商运营者描述的"学生"就是产品的目标消费者，"帮助学生健康成长"就是消费者对奶粉的需求，而"搜索小程序或直接扫码"则是满足消费者需求的方式。

2. 立足消费场景

环境可以说是场景描述的一个变数，因为在不同环境中，目标消费者对同一产品的需求是有差异的。所以，在进行场景描述时，小程序电商运营者还需要根据具体环境来描述，或者说将场景描述放在相对合适的环境中。

例如，人们在日常生活中由于手机充电比较方便，不会太担心手机电量不够用。但当坐长途汽车时，使用手机的时间比较长，充电又不太方便，人们就会注意手机充电不方便这个问题。

针对这一情况，销售充电宝等可以为手机充电的产品的运营者，便可以在长途汽车上通过座椅广告为消费者设计一个需求场景。让消费者在意识到充电不便的问题时，自然而然地进入运营者提供的销售平台。

3. 挖掘产品价值

小程序电商运营者构建场景的直接目的是引导消费者购买产品，而对消费者来说，只有有价值的产品才值得花钱购买。所以，小程序电商运营者在构建需求场景时，还需要通过场景凸显产品对消费者的价值。

具体来说，小程序电商运营者可以通过场景设计告诉消费者，在什么样的情况下需要使用产品、产品有哪些用途、产品还有哪些潜在的使用价值等，让消费者觉得产品确实是值得购买的。

可能很多人都记得这样一个营销故事：一名市场经理来到一个地区后发现这里的人都不穿鞋，于是认为这里没有市场；而另一名市场经理在看到同样的情况之后却非常开心，因为他认为这里的市场潜力非常巨大。

在上面这个营销故事中，营销人员关注的重点不应该是当时市场上的情况，而应该是是否可以将产品的使用价值转化为消费者的需求。因为一个地区的人都不穿鞋，很可能不是因为这些人不需要鞋，而是不知道穿鞋能起到什么作用。运营者在呈现场景时要做的就是告诉消费者"穿鞋子是很舒服的""鞋子是非常有使用价值的"。

6.2.3 场景有时也能变成消费契机

随着场景思维在商业营销中被不断运用，越来越多的人开始发现，场景已经不再仅仅是一个简单的情景，它还可以起到暗示潜在消费的作用，甚至可以直接作为一种消费入口。

很多时候在我们看来非常平常的一些场景，也可能变成一种消费入口。例如，当我们看到微信好友在如图 6-3 所示的朋友圈中晒美食、发自拍时，图片中的美食和朋友穿的衣服看起来就很吸引人。

所以，我们有可能会询问好友是在哪里吃的东西、衣服是在哪里买的，并可能会去对应店铺查看，甚至是购物。而这样一来，一个朋友圈的场景就变成了一个引导其他人消费的入口。

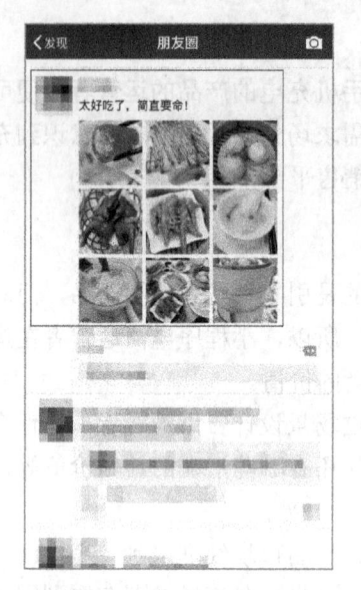

图 6-3　朋友圈中好友的美食和人像照片

6.2.4　数据可以令场景更具说服力

对小程序电商运营者来说，数据是场景营销中不可或缺的一种工具。一方面，通过对数据进行分析，运营者不仅可以获知消费者的消费痛点，还能知道场景营销的效果，并为接下来的场景设计指明方向。另一方面，人对数字通常比较敏感，而且在场景中加入数据会让人感觉更加真实。所以，数据有时也可以充当证据，对运营者构建的场景进行证明，从而增加场景的可信度。

在用数据增加场景说服力方面，"香飘飘"做得很好。说起"香飘飘"，大多数人首先想到的可能会是这样一句话："一年卖出 7 亿多杯，杯子连起来可以绕地球两圈。"之所以会如此，就是因为这句广告语中用数据为消费者构建了一个"香飘飘"奶茶非常畅销的场景。

而消费者在接收外界信息时，本身是很容易受到从众心理的影响的，而数据又是非常具有说服力的。因此，当受众看到"香飘飘"奶茶这么畅销之后，会觉得这是大多数人的选择，应该买一杯来试一试。于是"香飘飘"便通过数据量化场景提高了消费者的购买力。

也正因为通过数据量化场景取得了不错的效果，"香飘飘"一直沿用这种思路。我们可以看到，"香飘飘"的广告基本都会采用一些用以说明的数据。如图 6-4 所示为"香飘飘"奶茶推出的一则广告。

这则广告中最吸引人的当属"一年 12 亿人次在喝"。当观众看到这句广告语时，心中便会联想到中国人口也就十几亿，差不多平均每个人每年都喝了一杯，这奶茶的销量也太高了，那"我"要不要试一下呢？

图6-4 "香飘飘"奶茶推出的一则广告

其实，"香飘飘"是卖奶茶，小程序电商运营者是卖产品。两者之间是有共通性的，既然以数据量化场景可以销售奶茶，那用同样的思路也可以销售其他产品。

6.2.5 创新场景探寻新的获客模式

随着场景的发展和成熟，越来越多的运营者开始采取场景营销的方式，而这便将产品的竞争转变为场景的竞争。在这种情况下，小程序电商运营者只有通过场景创新才能更好地满足用户的需求，为小程序电商平台获取足够的客流量。

在作者看来，小程序电商运营者可以通过5种途径进行场景创新，从而寻找新的获客模式，具体如下。

1. 赋予产品新价值

消费者在决定要不要买一件产品时，通常会考虑这件产品对自己来说是不是有价值的。而在很多时候，产品的价值又是通过运营者提供的场景来呈现的。所以，小程序电商运营者在进行场景创新时，最简单、直接的方法便是赋予产品新价值。

同样是共享单车，如果仅仅为用户提供一种便利的使用场景，可能部分消费者不会买账，因为当距离较远时骑自行车是比较累的。但是，当通过场景为骑自行车赋予锻炼、节能减排等新价值时，大部分消费者就可能会觉得骑自行车比开私家车、搭公交车要更好一些。

2. 用情感连接用户

在消费者日益重视购物体验的当下，与其说用户购买的是产品，不如说其购买的是一种购物感受。如果在购物之前，用户感觉某个商品很有吸引力，那么，即使其对该产品没有迫切的需要，可能也会忍不住消费。

而要让某个商品对消费者产生强烈的吸引力，其中一种方法就是在产品与用户之间构建联系。例如，当小程序电商运营者在零食上加入"儿时记忆"等标签时，许多消费者在看到之后，可能会想找到包含美好儿时记忆的味道。这样一来，消费者自然会更愿意购买产品。

3. 跨界探求新出路

对小程序电商运营者来说，进行跨界融合是场景创新的一条有效途径。一方面，跨界融合可以将其他领域的属性为自己所用，让产品增值；另一方面，当小程序运营者跨界融合与其他企业合作时，还可以借助他人的力量，扩大自身的影响力。

"摩拜单车"就是一个很好的例子。"摩拜单车"之所以可以获得如此多的用户，除了其提供的便利服务，另一个原因就是它与微信进行了合作，在微信小程序中占据了有利的位置。

借助小程序，"摩拜单车"不仅可以让用户更方便、快捷地使用共享单车，还能得到微信小程序官方的大力推荐。所以，它的快速发展也就不足为奇了。

4. 充分发挥社交之力

前面也多次提到了，随着生产力的提高，产品质量、价格对消费者购物行为的影响越来越小，用户更想购买到能够提供更好购物体验的产品，或者说消费者想买的是使他们感觉"舒服"的产品。

而要让产品使消费者感觉"舒服"，就要获得消费者的好感。当然，构建产品与消费者的情感联系是获得消费者好感的一种方法。除此之外，小程序电商运营者还可以通过社交场景的搭建引导消费者购买产品。

例如，小程序电商运营者在某次聚会中告知朋友自己有小程序平台，并拿出一些产品让大家观摩，那么他的朋友将会基于与运营者的关系，在有需求的时候将运营者的平台作为首选。

5. 创新场景，拓宽思路

对大多数运营者来说，小程序电商的运营痛点在于难以进行推广。其实，小程序给运营者提供的推广渠道很多，运营者只需改变一下策略便能通过场景的创新来拓宽小程序的使用场景。

例如，当消费者在实体店购物要付款时，小程序运营者可以拿出小程序二维码，告知顾客在微信小程序电商平台中同样可以进行购物，而且更加方便。这样一来，运营者便将线下的顾客引到了线上，而小程序的使用场景也得到了拓展。

6.3 把握搜索场景，轻松提高排名

经常搜索小程序的人都知道，当我们搜索一个关键词时，系统会根据一定的规则将搜索结果呈现出来。正因为如此，搜索结果便成为小程序运营者必须重点把握的一个场景。

许多小程序运营者会想方设法地提升自身小程序的排名。但是，在此过程中，如果方法不正确，很难得到预想的效果。其实，提升小程序排名是有技巧的，掌握了技巧，自然能事半功倍。

6.3.1 热点关键词需要被曝光

在影响小程序搜索排名的各种因素中，最直观的因素就是关键词。用户在搜索时所用的关键词可能会呈现阶段性的变化。

因此，运营者在选取关键词之前，需要先预测用户搜索的关键词，下面作者从两方面分析如何预测关键词。

1. 热点关键词预测

社会热点新闻是人们关注的重点，在社会新闻出现后，会出现一大波新的关键词，搜索量高的关键词就是热点关键词。

因此，小程序运营者不仅要关注社会新闻，还要预测热点，并将其用于微信小程序中。预测热点关键词的方向主要有3个，具体如下：

（1）从社会现象入手，寻找少见的社会现象和新闻；

（2）从用户共鸣入手，寻找多数人有共鸣的社会现象和新闻；

（3）从用户喜好入手，寻找多数人感兴趣的社会现象和新闻。

2. 季节关键词预测

即使搜索同一物品，用户在不同时间段选取的关键词仍有可能会有差异。也就是说，用户在关键词的选择上可能会呈现出一定的季节性。因此，运营者需要根据这种季节性预测用户搜索时可能会选取的关键词。

季节性的关键词预测还是比较容易的，小程序运营者除了可以根据季节和节日进行预测，还可以从以下 4 方面进行预测：

（1）节日习俗，如摄影类可以围绕中秋圆月等；

（2）节日祝福，如新年快乐、中秋阖家团圆等；

（3）节日促销，如春节大促销、元旦大减价等；

（4）特定短语，如端午吃粽子、中秋吃月饼等。

6.3.2 关键词应该多多露面

在增加关键词的使用频率之前，小程序运营者可以查看朋友圈的动态，抓取近期的高频词汇，将其作为关键词嵌入小程序，并适当地让选取的关键词多出现几次。需要特别说明的是，运营者在统计出近期出现频率较高的关键词后，还需要了解关键词的来源，只有这样才能让关键词用得恰当。

关键词选取的精准程度是影响小程序搜索率的重要因素，所以，在选取关键词并增加其使用频率之前，运营者还需要判断所选取的关键词与小程序的内容是否具有相关性。只有当关键词与小程序具有一定联系时，才有可能对小程序的运营推广起到切实的促进作用。对此，运营者可从小程序的名称和介绍这两方面入手。

1. 名称关键词

小程序运营者的小程序名称应该准确地描述小程序的功能或业务，让搜索的用户能够直接判断小程序是否实用，不能靠一些没有实际作用的热点词吸引用户。通常来说，名称关键词的精准把握包括两个关键点：

（1）一看就懂。选取的关键词要让用户一眼就能明白将访问的小程序的大致内容。

（2）宁缺毋滥。虽然关键词的搜索热度很重要，但如果与小程序的业务无关，那么也没有太大的意义。

2. 介绍关键词

小程序简介中关键词的精准程度也会影响小程序的搜索率，关键词在介绍中出现的位置与排名有较大的相关性，因此，小程序运营者最好将关键词放在小程序介绍的最前面，如第一段或正文最前面的 10 个字，而且要尽可能加大使用频率。

6.3.3 通过链接增加使用机会

因为小程序的搜索排名与用户的使用次数直接相关，而通过链接增加人流量又是增加用户使用次数的重要途径。所以，小程序运营者可以通过链接，让用户直通小程序，从而对小程序的搜索排名产生影响。

链接大致可以分为两类，一类是实现小程序内部页面跳转的内部链接，另一类是由其他平台跳转至小程序页面的外部链接。单从流量的获取效果来看，外部链接明显要好于内部链接。因此，作者将重点对外部链接引流的相关内容进行解读。

随着搜索引擎优化的对象越来越多，小程序运营者要通过外部链接获得流量变得越来越难，目前，链接诱饵是一种比较有效并能快速获得链接的方法，链接诱饵主要从内容入手，需要精心设计和制作，通过有趣、实用的内容来吸引用户。

通常，通过链接诱饵获得的外部链接都符合好的链接标准。下面作者分别从诱饵制作和诱饵分类两方面进行介绍。

1. 诱饵制作

对于小程序链接诱饵的制作，最主要的还是内容要有创意，因此，暂时还没有统一的标准和适用于所有情况的模式。在制作小程序链接诱饵时需要注意以下几方面。

（1）要坚持制作和积累链接，因为并不是每一个链接诱饵都能够成功；

（2）若以内容为主，必定要在标题上下功夫，好的标题就是成功的一半；

（3）链接诱饵的主要目的是吸引目标对象的注意，所以应该去掉诱饵页面中所有具有广告性质的内容；

（4）在链接诱饵的页面上可以提醒和鼓励目标对象进行分享；

（5）链接诱饵在设计与排版上也有讲究，排版整洁的页面有利于目标对象的阅读，容易引发分享，而在设计上，在链接诱饵页面中加入图片、视频或列表可以增加外部链接数量。

2. 诱饵分类

链接诱饵有很多种类，小程序运营者可以根据诱饵的种类来寻找吸引链接的方法。链接诱饵主要有 5 种，具体如下。

（1）新闻诱饵。每一篇新闻都会带来很多链接，新闻作为诱饵的特点是更新快、专业性强。

（2）资源诱饵。最简单有效的链接诱饵，既可以是深入探讨的教程、文章，也可以是资源列表。

（3）争议话题。带有争议性的话题最能吸引关注，特别是围观者的评论。

（4）利益吸引。提供利益也是形成诱饵的方法，投票、排名、比赛都是常见的利益吸引方法。

（5）幽默搞笑。搞笑、幽默的内容也可吸引很多外部链接，可以从网站上传播最快的内容入手，如笑话、段子等。

第 7 章

12 个内容打造要点，助力小程序脱颖而出

7.1 内容生产需要把握几个元素

文字、图片、视频和音频是小程序内容的四大表现形式，并且各有各的优势，这些优势既可以独当一面，又可以相互结合形成优势组合。本节将重点介绍小程序运营者如何制作走进内心的文字、愉悦身心的图片、引人注目的视频及感染人心的音频，从而打造优质的小程序内容。

● 7.1.1 走进内心的文字制作

制作能触动人心的文字，首先要让文字具有人情味，这样才能让读者容易接受，进而让文字进入读者的内心世界，触动读者的内心。

要制作能触动人心的文字，除了营造文字的感染力，还要加强文字的说服力，文字的感染力能影响人的情绪，拉近与读者的心灵距离；文字的说服力能影响人的思维，拉近与读者的思想距离，文字的说服力重在逻辑性。

具体来说，打造文字组合的逻辑性可以从语言流畅、语句通顺、表达有条理、叙事有重点、便于理解和易于掌握这 6 方面入手。如图 7-1 所示为某面膜的一则文字文案，其便是从叙事有重点和易于掌握这两方面让文字组合有了逻辑性，看到这些文字，受众会觉得该面膜对美白很有作用。

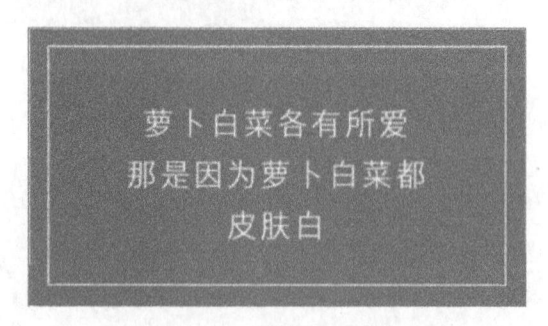

萝卜白菜各有所爱
那是因为萝卜白菜都
皮肤白

图 7-1 某面膜的一则文字文案

人们对事物的认知都是由感官到思维、由感性到理性的，因此在进行文字写作时也要遵循这样一个顺序，先激发读者的感性情绪，再进行逻辑说理，但是在不同的情境中，感性和理性的运用比例存在一定差异。

具体来说，感性内容通常运用在文案的首尾部分，且最多占 40%；而理性内容则通常运用在文案的中间部分，最少占 60%。

文字的人情味和感染力是属于感性层面的，文字的逻辑性和说服力是属于理性层面的，感性的文字能够触动人的心灵，理性的文字能够触动人的思想，小程序运营者在文字写作的过程中，应当做到感性和理性兼备，这样才能让读者感受到作者的情怀和智慧，不自觉地对运营者产生亲切感和认同感。

如图 7-2 所示为耐克的一则文案，在这则文案中，文字可谓是起到了点睛作用。在看到图中的文字之后，用户特别是处在拼搏期的用户很容易对拥有共同价值观的营销主体产生认同感。这样一来，出于感性需求，在看到相关文字之后，用户也会增加对该品牌的购买欲。

图 7-2　耐克的一则文案

7.1.2　愉悦身心的图片制作

人们在紧张的日常生活中，对阅读长篇文字越来越没有耐心，为了满足读者需求，不仅自媒体的制作，就连纸质媒体也都把重心放在了图片上。所以，如果运营者在小程中呈现的是令人愉悦的图片，那在内容呈现上便可加分。

令人愉悦的图片最直接的作用在于其能够缓解受众的阅读和思考压力，可以通过提升受众的阅读兴趣，推动小程序营销创新和整合，让受众对图片乃至运营主体留下深刻印象。

图片的好处在于内容的表现更形式化、表面化，能够降低读者的理解难度，科学家在对人的记忆的调查研究中曾指出，人们往往对图像和色彩的印象更深刻。

比较适合阅读的小程序图片通常需要包含受众感兴趣的或者具有观赏性的内容。从这一点出发，小程序运营者应尽可能地选择搞笑的、有故事性的、有美感的或者有创意性的图片。

在引发受众兴趣这一块，搞笑图片的效果是最直接的，如图7-3所示为一则文字与漫画组合的营销图片，其便是通过文字和漫画人物的组合快速吸引受众的目光。

图7-3 一则文字与漫画组合的营销图片

娱乐化是社会文化的一个发展趋势，搞笑图片、搞笑视频和经典段子在广大人民群众的生活中占有重要地位，毕竟处于和平年代的人们对苦大仇深的东西的理解能力比较弱，并且加上现实生活的枯燥和压力，这种表面化、浅显化的东西更容易被接受。

小程序运营不能把自己的思想拔得太高，要尽量接地气、接近广大受众的喜好，同时又要保证一定的高度。

小程序图片展示的轻阅读模式不仅能够方便读者的阅读和思考，对小程序运营者的写作与编辑来说，也是一件不需要费多大力气的事。它既能够让小程序运营者在文字的雕琢上少费些工夫，又能加深对读者的影响力，还能够在无形中扩大小程序的传播范围。

在轻阅读时代，除了一些做文献研究或者自己本身就是文字作家的人，在图片阅读和纯文字阅读的选择中，大多数人都会毫不犹豫地选择前者。

7.1.3 引人注目的视频制作

视频包括文字、图片和音频，是小程序4大内容表现形式中最受欢迎的形式，与其他3大形式相比，视频表现形式更多元化，给人的感官体验更丰富，更能够带动观众的情绪。

视频的优势在于表现形式多元、表现内容多样、感官体验丰富、视听更直接和更有代入感等,一个包含优质内容的视频往往能够吸睛无数,让其所在的小程序平台脱颖而出。

在视频的制作过程中,最重要、最核心的是视频的表现内涵,就像写文章一样,限定的篇幅字数和内容框架要求达到了,100分满分只能得20分,剩下的80分就要靠文章的中心思想和文字表达的想象力、说服力、见解力去争取,这种写文章的中心思想放到视频制作中就是表现内涵。

在信息化快速发展的背景下,每个人都可以通过电脑或手机做到"不出门便知天下事",因此,观众的艺术欣赏水平和心理接受门槛也越来越高,这一点在很多国产电视剧、电影和综艺节目总是被观众指责不如国外水准的情况上就有所体现。

当然也有例外,只要迎合了观众的趣味,即使艺术水平和制作水平都算不上优质的作品也能受到观众的热捧,如2016年大热的网剧《太子妃升职记》。这部电视剧道具简陋,演员基本上也都没有什么名气。可就是这样一部剧,却在很长一段时间内持续在朋友圈刷屏。

看到这里,有的读者可能要问了,这样一部电视剧凭什么获得成功呢?作者个人认为主要是其将创意内涵、搞笑内涵和邪恶内涵运用得淋漓尽致,最大的创意就是穿越元素的运用和主角性别的变化,理念和性别的矛盾引发了一系列搞笑和邪恶情节。

《太子妃升职记》的成功之处就在于,与其他电视剧不同,它没有刻意往"高大上"的方向去打造,这样能有效避免观众的各种挑刺,让观众沉下心来欣赏剧情中的小创意、小邪恶。

所以,吸睛的小程序视频不一定要是所谓的大制作,有时候只要迎合了受众的趣味,有了用户感兴趣的内容,就有可能取得意想不到的效果。

另外,在制作视频时,小程序运营者还需要明白一点,视频内容的简要性和视频篇幅的简短性是相辅相成的,毕竟要在几分钟内用视频画面对故事或事件做出完整的叙述是不太可能的。对此,运营者在视频制作时需要把握简单性原则,尽可能地把视频做得"短小精悍"。

小程序运营者可以参考《万万没想到》的做法。该剧中的人物多与历史名人和小说名人联系,如三国刘备与赵云、唐僧与女儿国国王,在借用经典情节的基础上,让观众一看就能厘清人物关系,同时再加上一些剧情反转手法,短短几分钟便形成了一个搞笑短剧。

7.1.4 感染人心的音频制作

音频是一种解放受众手脚的小程序表现方式，受众不需要一字一字地看，甚至不需要用到眼睛，连手捧手机这样的动作也可以免除。

小程序音频的优势包括操作自由度高、感官接受更生动、表现元素更丰富、表达更有人情味、更能拉近听众距离等。一段感染力强的音频，往往可以让小程序运营者收获无数粉丝。

小程序音频的制作应以做音乐的要求为规范，这就要求小程序运营者要重点把握好音频的时间长度、内容呈现方式、讲说方式及带给用户的感觉，从而提高小程序音频的打开率。

从音频的内容来说，必须要让听众听到有价值的东西，或是能逗乐，或是能启发，做音频一定要宁缺毋滥，不要拿小程序的声誉和形象去挑战听众的容忍底线。这一点，小程序运营者可以参考"蜻蜓FM"小程序的做法。

就在《三国机密之潜龙在渊》电视剧热播之际，"蜻蜓FM"小程序就顺势推出了该电视剧的音频，如图7-4所示为该音频的相关界面。因为部分用户对该电视剧很感兴趣，加上该音频又具有较强的感染力。所以，此音频推出之后没多久，收听量便达到了上千万。

图7-4 《三国机密之潜龙在渊》音频的相关界面

当然对于小程序音频的内容，不同的人的感觉也会有所不同。例如，性格温和的人，听到温柔舒缓型的音频会感到舒服；性格大大咧咧的人，听到激情澎湃型的音频会感到舒服。因此，音频感染力的强度，往往也是因人而异的。小程序运营者要想提供感染力强的音频，首先还得根据用户需求来提供内容。

虽然感染力强的音频能够增强平台的竞争力，但是听众对音频的感受和喜好也会因时间、环境、心情不同而发生变化。在不同的时间里，听众因环境和心情不同对小程序音频的需求也会改变，具体如下：

（1）上午的气候环境都是最佳的，听众的情绪也是最好的，这时候轻柔舒缓型的音频最受欢迎。

（2）下午是听众最疲惫的时候，也是最需要打气加油的时候，这时激情澎湃型的音频适合唤起听众的工作斗志。

（3）在夜晚，听众们既轻松又疲惫，选择温和型还是热烈型的音频就由听众的个人喜好来决定了。

7.2 掌握方法，王牌内容可随时产出

对于相同主题的内容，有的小程序运营者做出的内容鲜有人看，而有的小程序运营者做出的内容却能让用户自发传播。之所以会出现这种差异，就是因为后者掌握了小程序内容打造的捷径，懂得怎样生产出来的内容更能打动目标用户。

7.2.1 感情让内容具有温度

当用户对小程序平台产生一定的感情时，就说明该小程序的内容打动了用户。内容生产首先要做的就是让所要呈现的内容走进用户的心里。而当运营者融入个人感情，打造有温度的小程序内容时，生产出来的内容往往能打动用户。

通过融入小程序运营者的个人情感，能够让老用户对小程序平台产生很强的归属感，无论内容是文字、图片还是音频，都能获得许多用户的共鸣。所以，许多小程序都致力于打造有感情、有温度的专题内容，来获取目标用户的关注。

以"喜马拉雅 FM"小程序为例，在 2017 年年末，该小程序某电台推出了一期"在陌生城市打拼的你，过着怎样的生活？"的专题节目，在短短几个月内便获得了 200 多万的播放量，而评论数也达到了 900 多个。

一个节目有时可以引发大量用户的参与，并且随着用户的自主宣传会进一步扩大影响力，这种融入情感推出的内容就是让用户在产生兴趣的基础上有感而发，同时乐在其中、主动分享，这也是利用用户情感打造小程序品牌的一种有效方式。

7.2.2 真实更容易获得认同

随着网络技术的发展，人们每天可以接触到的信息越来越多，而这其中难免会掺杂一些虚假信息。当然，如果用户只是为了猎奇，信息的真假或许并无大碍，但是，如果信息的真假与自身利益相关，那么用户势必会验证其真实性。

因此，在特定场景下，如果小程序运营者能够让用户觉得平台中的信息和产品真实可靠，那么运营者生产的内容往往也更容易获得用户的认同。

小程序运营者应该怎样增强小程序内容的真实性呢？俗话说得好，"耳听为虚，眼见为实""有图有真相"，运营者可以通过图片、视频等为用户的判断提供直观依据。

例如，在电商购物类小程序中，运营者可以通过产品展示、产品介绍等内容，让用户对产品有一个基本的把握。如图 7-5 所示为"京东购物"小程序"商品详情"的相关界面，该界面便是采用"文字＋图片"的展示方式来增强产品真实性。

图 7-5 "京东购物"小程序"商品详情"的相关界面

当小程序运营者用大量图片和文字介绍产品时，顾客对产品的了解相对就会更多一些，而对产品的进一步了解又会让顾客觉得产品介绍更具真实性。通过图7-5中的内容，用户可以了解《手机摄影高手真经》这本书的相关信息。这样一来，用户在看到运营者提供的产品信息时，便会觉得自己可较全面地了解该产品。

又例如，"蘑菇街女装精选"小程序推出了专门的"直播特卖"版块。在该版块中，用户在进入某直播间之后，便可以通过直播查看模特穿戴所要出售的衣物的效果。

因为视频可以更直观地查看衣物的穿戴效果，所以许多用户会因为更能真实地把握产品质量而下定购买的决心。

因为在网上购物时，顾客是无法亲自对产品的相关情况进行真实把握的，所以顾客可能会对运营者售卖的产品的质量有所怀疑。而图片和视频的作用就是在介绍产品的同时，增加顾客的信任度。

7.2.3 用惊喜博取用户好感

对用户而言，之所以使用某一小程序，其中很大的原因就是他们能够从这个小程序中获得自己需要的东西。而如果用户能够用低于预期的支出获得需要的产品或服务，那他们便会在惊喜之余，从心里觉得自己与小程序的距离被拉近了。

小程序运营者生产的内容如果能够给用户带来惊喜，那用户对相关内容便会多一分好感，而这样一来，运营者生产的内容要想获得成功，自然也会更容易一些。

在小程序的运营过程中，小程序运营者完全可以通过内容的生产为用户制造惊喜。例如，许多购物类小程序通过优惠券发放、商品秒杀等活动，为用户提供实际价格远低于市场价格的产品，这便属于制造惊喜。

除此之外，运营者还可通过为用户提供意料之外的内容为用户制造惊喜。例如，"楚楚街拼划算"小程序就曾推出红包派发活动，用户只要进入该小程序，便可以获得1元红包，如图7-6所示为该活动的相关界面。

制造惊喜并不一定需要很高的成本，很多时候只要一点小惊喜便可以打动用户。虽然案例中这些红包大多都只有几块钱，而且还是要在购买达到一定金额的情况下才能抵用。但是，当看到这种"从天而降"的红包时，大多数人都是惊喜的。所以，即使钱不多，也会让大量用户"驻足"，甚至会让用户自发分享给自己的好友，如此一来，小程序运营者便很好地用内容吸引了用户的注意力。

图 7-6 "楚楚街拼划算"小程序红包派发活动的相关界面

7.2.4 适度包装为内容升级

小程序的内容就好比是人的脸,很多人之所以要化妆,就是因为化妆可以让自己看上去更美或更帅。小程序也是如此,在很多时候,即使内容过硬,如果不进行一定的处理,让其更有吸引力,用户或许也提不起使用的兴趣。

适度包装,就相当于给内容"化妆",让内容以更好的形式出现。而经过简单的包装,相同的内容看起来就提升了一个段位,这样一来,内容在用户心中的印象分自然也会有所增加。

当用户进入小程序后,首页导航就成为用户的第一个关注重点,所以,把首页装扮好、把首页导航设置好是内容"装修"的重中之重。如图 7-7 所示为小程序中较为常见的首页导航模式。

除了形式上的包装,运营者还需要对小程序的具体内容进行包装,增加内容对用户的吸引力。当然,包装不等于完全改造。小程序运营者在"装修"时必须确保内容与小程序的定位一致。

例如,在母婴类的小程序中,发布的相关内容应该是与母婴相关的。如图 7-8 所示为"贝贝母婴精品"小程序的相关界面,其内容便是以母婴为主题的。从这一点来看,该小程序在包装内容上可以说得上是把握得比较准确的。

另外,在小程序的具体内容方面,主要是发布一些与主题相关的心得或者看法,要以有趣和实用的内容为主,同时,适当插入一定数量的图片、视频也是非常有必要的。

图 7-7 小程序中较为常见的首页导航模式

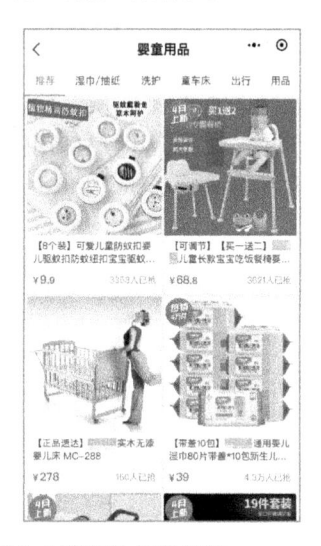

图 7-8 "贝贝母婴精品"小程序的相关界面

7.2.5 通过测试寻找未来的方向

小程序的内容需要根据用户的需求来定，而内容能否满足用户的需求，还需要通过测试反馈来判断。所以，内容的测试反馈就成为小程序运营者寻找未来内容方向的主要依据。

那么小程序运营者应该怎样及时测试小程序内容，从而获得用户的反馈呢？其中最为简单、有效的一种方法便是制作、分发问卷，并对相关数据进行统计。如图 7-9 所示为某小程序调查问卷的部分内容。

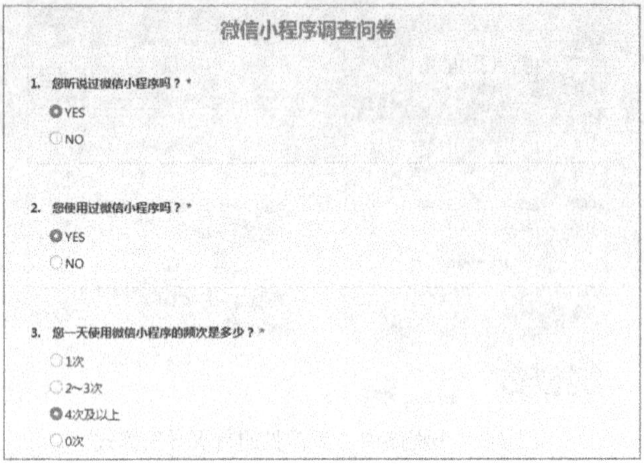

微信小程序调查问卷

1. 您听说过微信小程序吗？*

YES

NO

2. 您使用过微信小程序吗？*

YES

NO

3. 您一天使用微信小程序的频次是多少？*

1次

2～3次

4次及以上

0次

图 7-9　某小程序调查问卷的部分内容

除了内容设计方面的测试反馈，在小程序正式上线后，内容运营团队同样可以采用调查问卷的方式获得用户使用情况的反馈。如图 7-10 所示为某小程序用户体验调查问卷的部分内容。

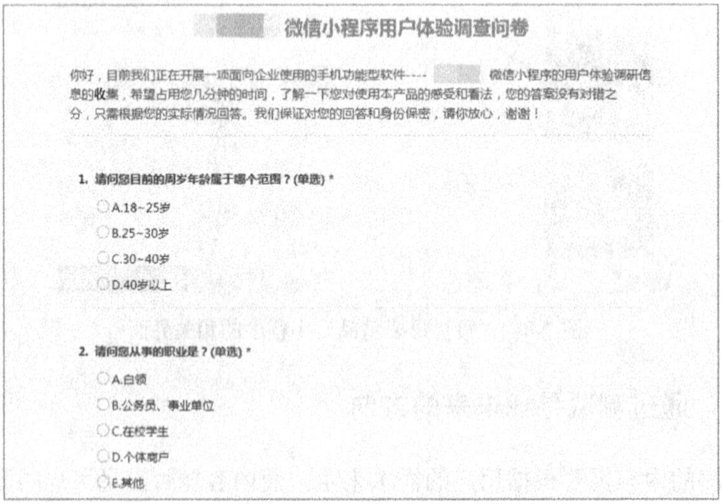

微信小程序用户体验调查问卷

你好，目前我们正在开展一项面向企业使用的手机功能型软件---- 微信小程序的用户体验调研信息的收集，希望占用您几分钟的时间，了解一下您对使用本产品的感受和看法，您的答案没有对错之分，只需根据您的实际情况回答。我们保证对您的回答和身份保密，请你放心，谢谢！

1. 请问您目前的周岁年龄属于哪个范围？(单选) *

A.18~25岁

B.25~30岁

C.30~40岁

D.40岁以上

2. 请问您从事的职业是？(单选) *

A.白领

B.公务员、事业单位

C.在校学生

D.个体商户

E.其他

图 7-10　某小程序用户体验调查问卷的部分内容

任何小程序都不可能做到十全十美，而且每个用户对小程序的要求都不尽相同。所以，设置反馈版块，并按照用户的反馈意见调整内容，是运营小程序必须要做好的一件事。

7.2.6 放手让用户自产信息

在内容包装方面,将小程序中的优质内容和帖子整理好,通过置顶或加标签的形式让更多的用户看见,这不仅可以更好地对优质内容进行展示,同时也是小程序内容全面性的一个体现。

在运营阶段,小程序需要向用户展示优质内容,并通过优质内容打造平台优势。小程序内容展示一般分为4种方式,具体如下:

(1)话题选择:话题动态推荐最近发生的有影响力的话题;
(2)成员展示:根据用户提供的信息对相关内容进行展示;
(3)内容打造:在小程序模块中重点对优质内容进行更新;
(4)媒体助力:通过官方微博、官方微信等新媒体平台转发。

当用户数量足够多时,为了小程序的长期发展及优质信息的打造,小程序运营者还需要让用户自产优质信息。在此过程中,为了调动用户的积极性,可以适当给予奖励。

例如,购物类小程序运营者可以通过抽奖、发红包等方式增加用户的参与度。如图7-11和图7-12所示分别为"蘑菇街女装精选"小程序的"0元豪礼"和"打卡领福利"界面。

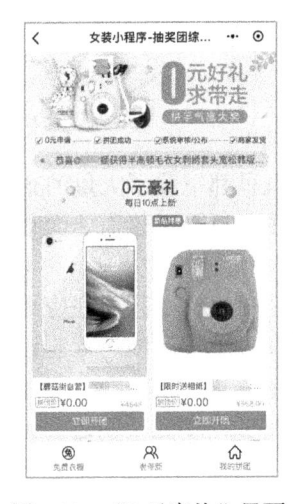

图 7-11 "0元豪礼"界面　　　　图 7-12 "打卡领福利"界面

在用户自产优质信息方面,"猫眼电影"小程序的做法就非常值得借鉴,该小程序在保持卖电影票这个老本行的同时,还推出了"观众点评"和"评分"版块,让用户可以自由表达意见,通过他人的评论判断某个电影值不值得看。如

图 7-13 和图 7-14 所示分别为"猫眼电影"小程序中"观众评论"和"评分"相关界面。

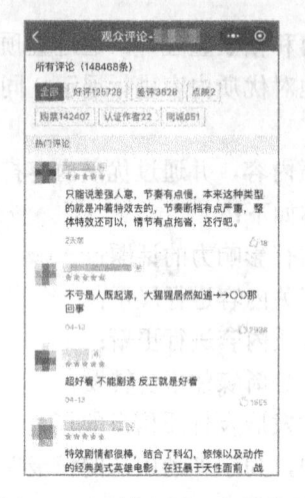

图 7-13 "观众评论"相关界面　　图 7-14 "评分"相关界面

促进用户自产信息对小程序来说有两方面的作用。首先，用户自产信息可以增加小程序内容的多样性，让内容更加全面；其次，用户自产信息能够在体现用户参与度的同时，让运营者了解用户的所思所想，为小程序的内容调整提供参考方向。

● 7.2.7 立足定位找准大方向

在微信小程序上线之前，大部分用户的手机里都下载了大量的企业 App，如淘宝、百度、微信、QQ 等，微信小程序在上线之后，不仅需要面临小程序内部的竞争，还要承受来自 App 的压力。

因此，在这种形势下，小程序运营者要想让自己的小程序在应用市场中脱颖而出，成为用户每天都会使用的小程序，就必须为小程序的运营制订一个长期的计划，让它成为用户生活的必需品。

应该如何制订长期运营计划呢？总体来说，小程序的长期运营计划的制订可以从 3 方面入手，具体如下。

1. 完善功能

微信小程序必须开发出满足用户需求的产品功能，无论是工具的高效性，还是内容的价值体现，都需要有功能作为基础的发展条件。新功能的开发与迭代是小程序实现长期发展的主要动力。

以"摩拜单车"小程序为例,其未来发展的关键便是功能的完善。很多用户在使用该小程序之后,经常会遇到这样一个问题,那就是单击"退押金"按钮之后,被告知小程序内无法退还押金,相关界面如图 7-15 所示。

图 7-15 "摩拜单车"小程序中"退押金"的相关界面

而要想退还押金,用户就只能再去下载"摩拜单车"App,也就是说,与 App 相比,"摩拜单车"小程序的功能是需要完善的。也正因为如此,许多用户手机中既有"摩拜单车"小程序,又有"摩拜单车"App。由于用微信扫码之后会自动进入小程序,所以大部分用户也不会主动删除小程序。

当再次租用摩拜单车时,部分用户还是更习惯使用"摩拜单车"App,在这种情况下,"摩拜单车"小程序实际上就变成了一种摆设。

作为用户较多的小程序,"摩拜单车"小程序尚且如此,也就更不用说其他小程序了。因此,一款小程序要想获得长期发展,对功能进行完善是必须要重点做好的工作之一。

2. 更新内容

功能与内容始终是用户在使用微信小程序时最关注的两方面,除了功能上的逐步完善,内容的更新也是小程序获得长期发展的基础。

对用户来说,小程序提供的内容就好比菜市场的食材,哪个店面的食材更新鲜,就更容易得到顾客的认可。所以,小程序的内容更新是其能否取胜的重要依据,运营者必须慎重对待。

这一点对已设定内容更新时间的小程序来说尤其重要。以"拼多多"小程序为例，在该小程序的"限时抢购"版块中，不仅列出了正在进行的秒杀活动，还对接下来两天的秒杀进行了预告。如图 7-16 和图 7-17 所示分别为"拼多多"小程序的"正在疯抢"和"即将开抢"界面。

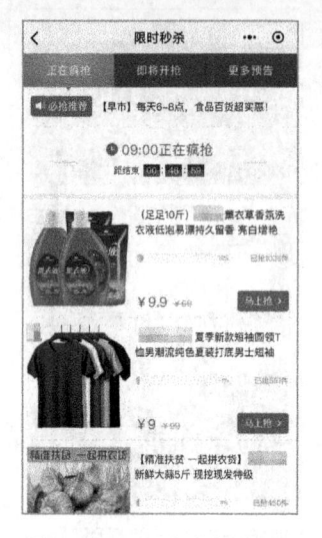

图 7-16 "正在疯抢"界面

图 7-17 "即将开抢"界面

由图 7-17 可以看出，在"即将开抢"界面中明确指出了更新内容和具体的更新时间。所以，如果该小程序的运营者不能做好内容更新，对用户来说这便是失信。因此，内容更新没有做好，很可能会直接导致大量用户的流失。

3. 借力用户

活跃用户往往会带动周围的朋友一起使用同一款应用，社交类 App 的快速发展就得益于用户力量的发挥。如图 7-18 和图 7-19 所示分别为微信朋友圈信息更新和 QQ 好友动态更新的提示界面，这种信息提醒实际上就是通过用户力量的发挥来增加用户的关注度。

对大众而言，其往往希望能够尽快了解一些好友的生活信息，而社交 App 就是通过展示好友的即时信息来保证 App 的长期发展的。除了朋友信息的展示，还有一种方式就是通过朋友之间的相互分享信息来保持 App 的活跃度。

虽然小程序与 App 存在一些差异，但对于上述 App 的成功经验，小程序运营者可以结合自身的实际情况适当地进行借鉴。例如，运营者可以充分利用小程序的转发功能，在保证小程序实用价值的同时，提高用户的转发率，进而扩大用户群。

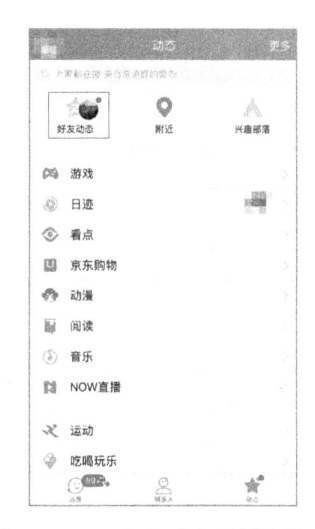

第 7 章　12 个内容打造要点，助力小程序脱颖而出

图 7-18　微信朋友圈信息更新的提示界面　　图 7-19　QQ 好友动态更新的提示界面

7.2.8　让用户养成使用习惯

对小程序运营者而言，只有让内容符合用户的习惯，才能更好地满足用户的使用需求。这不仅需要让小程序内容的表现形式与用户已有的习惯保持一致，还需要主动培养用户的使用习惯。

在内容的表现上，"小米商城 Lite"小程序具有一定的代表性。如图 7-20 所示为"小米商城 Lite"小程序首页和"商品详情"界面。

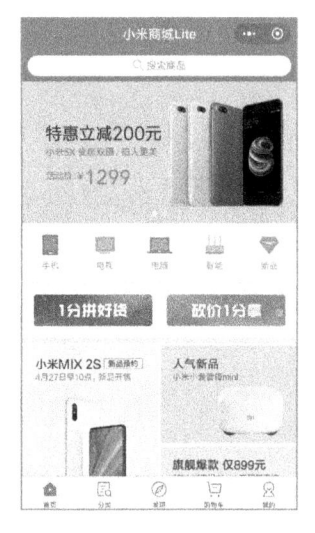

图 7-20　"小米商城 Lite"小程序首页和"商品详情"界面

- 141 -

"小米商城 Lite"小程序的首页在内容表示上非常明确，内容主次有别，根据重要程度的不同恰到好处地进行展示，符合用户的使用习惯。在"商品详情"界面中，以简洁的表现方式为主，突出商品信息。这种内容的展示方式可以给购物类小程序提供借鉴。

在小程序中，在固定的时间段内让用户做同一件事，也是培养用户查看小程序内容习惯的一种常见做法，如许多购物类小程序的限时活动模式。

"苏宁易购"小程序专门将"限时秒杀"版块放在了首页，该版块中参加秒杀活动的商品两小时进行一次更换，每种产品的数量也是事先限定的，用户单击"马上抢"按钮，便可以进入"详情页"界面，了解并购买产品。

因此，为了确保能"抢"到自己想要的商品，用户需要在活动刚开始时，甚至是活动快开始时便做好下单准备。也就是说，"限时抢购"版块的设置使大量用户在固定时间段内聚集，在这种情况下，小程序运营者便可以通过时间上的引导来培养用户的购物习惯。

有时候用户只是缺少一个使用小程序的契机，而运营者开设相关的奖励活动，如签到奖励、商品秒杀等，就给了用户一个使用小程序的理由。而如果这种活动持续一段时间，用户便会不自觉地养成使用小程序的习惯。

第 8 章

10 个体验营造方法,把你的用户牢牢拴住

8.1 评估用户体验主要看 4 点

移动客户端的快速发展冲击了传统的移动互联网应用，也由此催生了互联网商业模式的变革。一个企业如果没有小程序，仅凭官方网站等其他媒体方式很难在信息繁杂的互联网时代影响每一位用户，只有通过小程序与其他渠道相互配合，才能进一步提升企业的影响力，吸引更多用户。

● 8.1.1 功能是否是用户需要的

不同类型的小程序有不同的功能设计，运营者需要做的就是根据用户需求提供服务。以购物类小程序为例，其常见的功能主要有 5 种，具体如下：

（1）社交功能：联系人、联系信息、个人信息介绍和聊天等；
（2）分享功能：分享产品、活动和视频等信息给朋友；
（3）产品查询功能：查询产品具体尺寸、规格、价格和位置等；
（4）店铺查询功能：查询店铺的行业信息、地址、评分和信誉等；
（5）意见反馈功能：提供意见反馈的途径，让用户可以自由表达意见。

如果小程序并不能提供上述这些基本功能，同时在具体的功能细节上也无法获得用户的认可，那么小程序就难以培养长期的核心用户群体。下面将从细节出发，具体分析小程序功能设计在细节上的重要性。

以"聚美优品+"小程序为例，作为购物类小程序，其首页没有商品分类，而是只推送主打商品。如图 8-1 所示为"聚美优品+"小程序的首页分析。

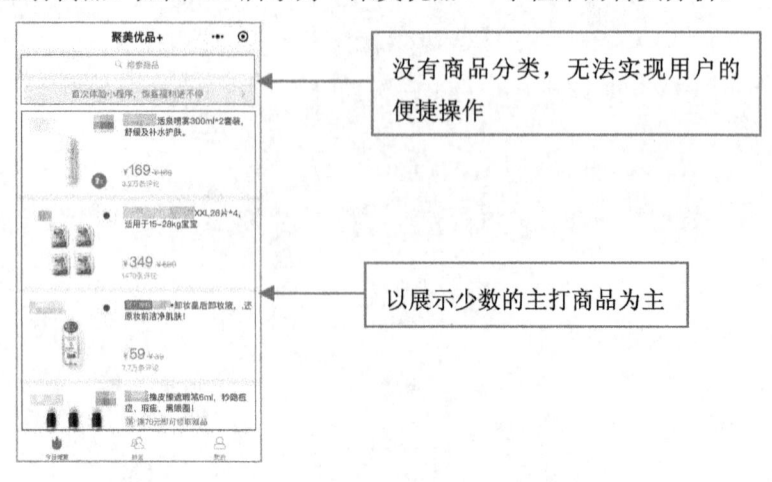

图 8-1 "聚美优品+"小程序的首页分析

同样是购物类平台,"拼多多"小程序首页的内容设置要更合理一些,如图 8-2 所示为"拼多多"小程序的首页分析。

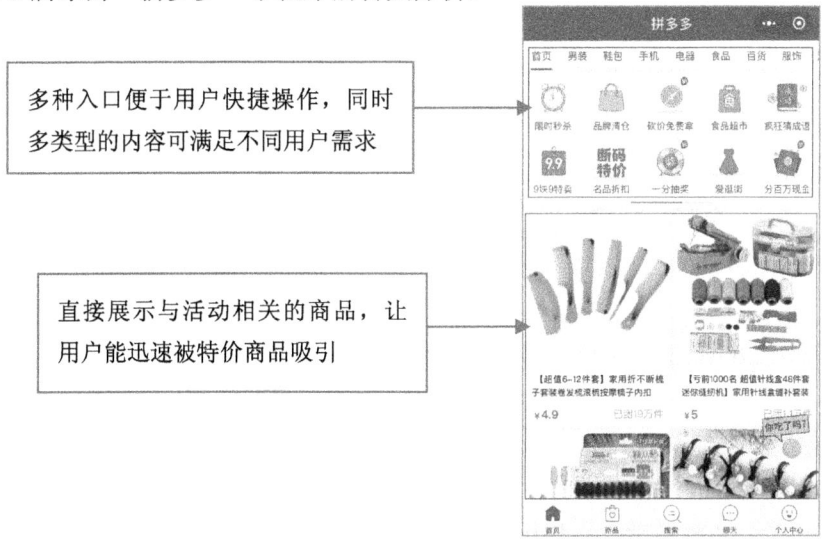

多种入口便于用户快捷操作,同时多类型的内容可满足不同用户需求

直接展示与活动相关的商品,让用户能迅速被特价商品吸引

图 8-2 "拼多多"小程序的首页分析

从功能对比可以看出,"拼多多"小程序在功能展示上更为成熟,也更便于用户的快捷操作,因此,用户可以从"拼多多"小程序中获得相对较好的购物体验。

虽然每个用户对小程序的功能需求不尽相同,运营者也难以满足所有用户对功能的要求,但对于一些基本的功能,运营者还是应该要尽可能地满足。毕竟只有在功能用得上的情况下,用户才有可能长期使用小程序。

8.1.2 用户对内容有没有兴趣

小程序内容的重要性是每一个运营者都知道的,而内容能不能吸引用户,关键就在于内容是否是用户群体感兴趣的。

例如,随着生活节奏的加快,越来越多上班族开始选择点外卖,而"饿了么"等提供外卖服务的小程序便很容易获得一定的流量,如图 8-3 所示为"饿了么"小程序的相关界面。

除了内容相符,如果小程序提供的具体功能能够进一步契合用户的需求,那在用户看来小程序就更具存在价值。例如,部分用户在点外卖时可能对销量、起送金额、送达时间等有要求,运营者就需要通过相关功能的设置来满足用户的需求。

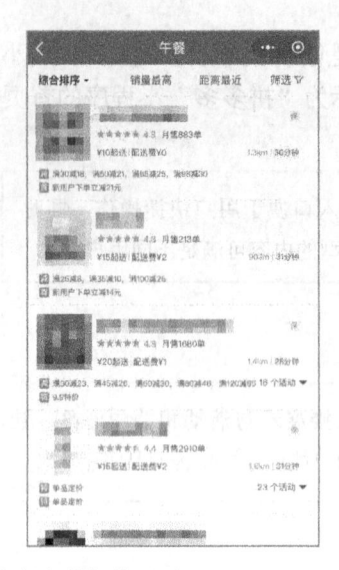

图 8-3 "饿了么"小程序的相关界面

这一点大多数外卖类小程序都做得比较好,例如,在"美团外卖"小程序中,"附近商家"默认是按"综合排序"显示的,如图 8-4 所示。但是,如果用户单击该界面中的"筛选"按钮,便可进入如图 8-5 所示的"筛选"界面。

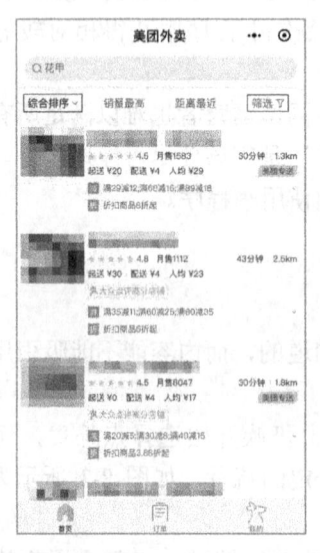

图 8-4 "附近商家"默认按"综合排序"显示　　图 8-5 "筛选"界面

用户在筛选完成后,单击下方的"完成"按钮,页面即可根据用户的选择进行显示,如图 8-6 所示。

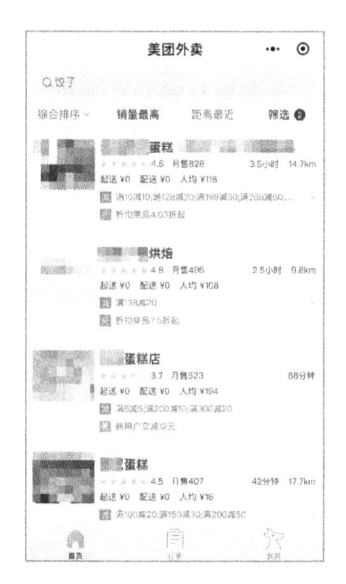

图 8-6 筛选后"附近商家"的显示界面

当小程序的内容与功能都符合用户的需求时,运营者只需要培养用户的使用习惯,即可培养出核心用户。用户并不是每天都要点外卖,但是大多数用户会把"美团外卖"小程序留在手机中,既因为它是有用的,也因为用户已经养成了习惯。

8.1.3 交互设计能否达到预期

小程序中的交互设计是指运营者(商家)与用户的互动设计。常见的交互设计主要包括 4 方面,具体如下。

(1)下拉界面的操作:用户通过下拉的动作来进行相关操作;

(2)输入框的相关设计:以简洁为主,通过简化输入框模式来提高输入效率;

(3)搜索与未搜索的反差:通过输入框颜色的变化来表示用户是否进行了搜索操作;

(4)页面悬浮特色设计:突出用户正在操作的界面,并将其他界面进行模糊化处理。

在小程序的交互设计中,搜索栏的变化设计较为常见。例如,在"京东购物"小程序中,未搜索时搜索栏的颜色为白色,如图 8-7 所示;而在搜索栏中输入文字之后,搜索栏将变成灰色,如图 8-8 所示。

用户在小程序中的部分操作就好比跟运营者打招呼,如果运营者不能给出回

>> 微信小程序运营：创意设计+渠道布局+用户运营+营销转化

应，用户可能会觉得自己被忽视了。而在进行交互设计之后，用户执行操作，页面便会相应地出现一些变化，这在满足用户交互需求的同时，能让用户感受到小程序平台的细节设计。

图 8-7　未搜索时搜索栏为白色　　　　图 8-8　输入文字后搜索栏变为灰色

交互设计是为了方便用户快速了解小程序的相关功能的，在一般情况下，交互设计以常见的设计方式为主，因为走创新方式往往会让用户花费更多的时间去完成原本较为便捷的操作。

● 8.1.4　页面是否符合目标定位

对小程序而言，目标对定位起到引导作用，而定位准确才能实现目标。那么从吸引用户的角度而言，小程序的定位和目标是否保持一致就显得格外重要，偏离了定位和目标的小程序是无法有效吸引潜在用户的。所以，运营者要营造用户体验，首先就得让小程序的定位与目标相符。

以"拼多多"小程序为例，作为一个电商购物平台，该小程序吸引用户的特色在于其向用户提供的产品的优惠价格。如图 8-9 所示为"拼多多"小程序"九块九特卖"版块的相关界面。

"拼多多"小程序之所以能获得成功，"九块九特卖"版块可以说是功不可没的。如果没有这个功能，该小程序很难在诸多电商小程序中成功吸引大量用户，脱颖而出。

在进行小程序设计时，开发团队大多会对相关的定位和目标进行具体的分析。在一般情况下，小程序的设计定位主要包括战略定位发展工具、办公辅助工具、客户服务提升工具和潜在客户挖掘工具。

图 8-9 "拼多多"小程序"九块九特卖"版块的相关界面

8.2 极致体验应该这样来营造

许多人之所以会长期使用一款小程序，就是因为它用着"舒服"。而这个"舒服"实际上就是小程序用户体验的直观反映。因此，在小程序的运营过程中，如何为用户打造极致体验是每个运营者都需要重点研究的问题。

8.2.1 提高服务质量

"第一印象"指的就是人与人交往时有关对方的最初的印象，这种印象是鲜明的、稳固的，而且在很大程度上影响双方此后的交往。

用户对小程序平台及其产品和服务的第一印象很重要，如果第一印象很好，那用户就很有可能再次使用该小程序，甚至逐渐成为该小程序的粉丝；反之，小程序电商平台则很可能会失去这些潜在用户。

一个小程序要想在电商市场中占据一片天地，就需要通过热情主动的服务等给用户留下较好的第一印象，从而留住用户。具体来说，可以从 3 方面入手，具体如下。

1. 留好第一印象

为了给用户带来印象深刻的第一次消费体验，就必须为初体验花心思。为了达到这个目的，小程序运营者应该怎么做呢？举例来说，外卖类小程序运营者可以分别从线上的时尚简洁设计和线下舒适购物环境的打造进行考虑。

第一印象对用户的影响是潜移默化、深远持久的。如果小程序运营者可以给消费者留下良好的购物印象，那在用户再有同样的需求时，很可能会将该小程序作为第一选择。

2. 增加售后认可度

售后服务可以说是用户对小程序第一印象的最重要参考依据之一，但很多运营者往往只注重产品销售过程中的服务而忽略售后服务，事实上这恰好是众多用户关注的焦点。

打造良好的售后服务，最重要的是要与用户坦诚相待，倾尽全力为其提供最好的产品和服务，以获得用户的青睐和追捧。唯有如此，才能提升用户对小程序的忠诚度，进而快速树立口碑。

以购物类小程序为例，有的商家在用户给出商品评价之后，积极地进行回复，如图 8-10 所示，这可以让用户有被尊重的感觉。还有的商家在"服务说明"中将"7 天无理由退货"明确列出，如图 8-11 所示，这可以让用户更放心地进行购物。上述两种方式都是通过售后服务制造良好用户体验的有效方式。

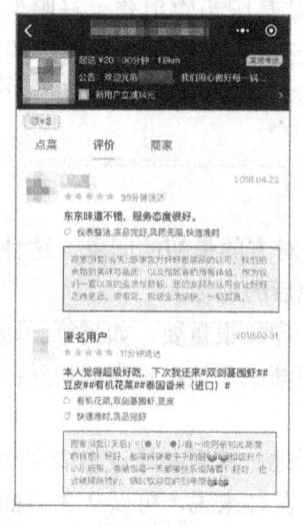

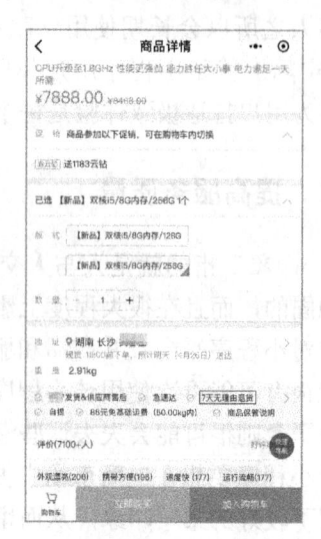

图 8-10　商家积极回复用户评价　　图 8-11　将"7 天无理由退货"明确列出

除了回复用户评价、提供无理由退货服务等，小程序运营者还可以采用换位思考的方法。只有一心为用户着想，把自己当成产品和服务的消费对象，才能俘获用户的心，进而为小程序树立良好口碑。

3. 用心提高好感度

"细节决定成败"，无论做什么事，都需要从细节入手。一个小程序电商平台要想建立好消费者对自己产品和品牌的第一印象，关键就在于通过对细节的把握，提高用户的好感度。

从细微处为用户提供更好的体验，能够让用户感受到运营者的良苦用心。此外，还能使用户加深对小程序的印象，从而基于好感主动向身边的人推荐该小程序及其产品和服务。

● 8.2.2 邀请用户参与设计过程

提升用户体验可以从功能开发的角度出发，通过邀请用户参与小程序的设计来吸引用户。在具体的运作上，主要是获得用户的信息反馈，进而开发出符合用户需求的功能。

那么应该如何让消费者积极参与到小程序的设计中来呢？最好的方法就是把用户吸纳为研发团队的一员。首先，在小程序的研发阶段，可以通过广泛征求意见、向用户发起投票等方式邀请用户参与设计。例如，运营者可以通过"壹点调查"小程序进行问题设计，并通过投票结果了解用户的诉求，具体操作如下。

步骤 01 进入"壹点调查"小程序，❶设计调查问题；❷单击页面下方的"生成投票"按钮，如图 8-12 所示。

步骤 02 在完成操作后，进入如图 8-13 所示的问题提交界面，单击右上方的 图标，将调查问卷分享给微信好友或分享到微信群中。

步骤 03 在完成上述操作后，在分享了调查问题的微信聊天界面中，将出现"壹点调查"小程序的链接，如图 8-14 所示。微信好友或微信群成员只需单击该链接便可以回答问题。

步骤 04 重新回到该问题的相关界面，运营者便可以查看投票结果，具体如图 8-15 所示。

除了利用投票类小程序设计问题，运营者还可以通过发放调查问卷、电话问询等方式邀请用户参与小程的设计。值得注意的是，无论采用什么方法让用户参与设计，都应该以用户的体验为主，并适当给予他们一定的奖励。这样一来，运营者既能获得用户的设计创意，又能了解消费者的需求，从而更好地树立口碑。

❶设计调查问题

❷单击

图8-12 设计调查问题

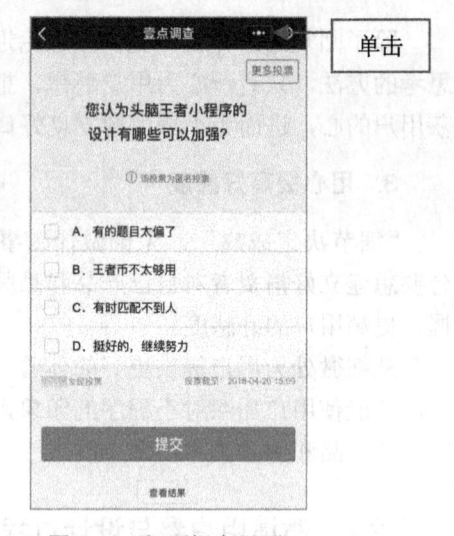

单击

图8-13 问题提交界面

生成的小程序链接

图8-14 生成的小程序链接

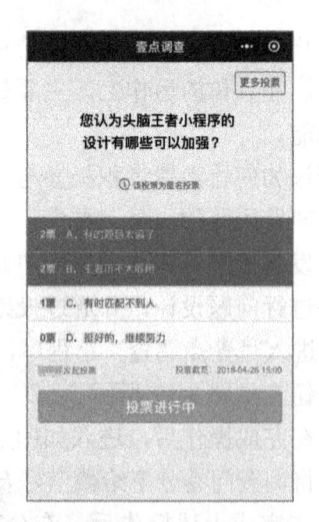

图8-15 投票结果

8.2.3 与时俱进，紧跟时代潮流

时刻关注市场趋势，可以了解其他企业是如何提升用户体验的，进而改善和提高自身小程序电商平台的吸引力。分析流行的产品特色，重点是保持小程序电商平台的创新力度，第一时间了解企业所在领域的流行趋势。

打造用户体验的方法不计其数，但有的运营者仅仅关注小程序本身或小程序电商平台的相关服务，而忘记从市场中其他的产品和企业吸取经验。

那么，小程序运营者具体应该怎样根据市场潮流趋势来改进小程序呢？作者觉得运营者不妨先认真观察市场的潮流走向，然后把自身已有的方法与别人的方法进行对比，最后再总结经验教训，为己所用。

例如，在小程序日益发展成为一种市场潮流时，运营者在运营 App 的同时，如果有时间和精力，便可以再开发一个小程序，为用户提供更便利的服务。如图 8-16 所示为"饿了么"App 和小程序的首页，很显然，"饿了么"便是同时运营 App 和小程序的。

图 8-16 "饿了么"App 和小程序的首页

根据市场趋势适时调整小程序，潮流元素的增加可以让用户获得新鲜的体验感，但运营者也要注意保持小程序自身的品牌初衷和主要宗旨，不能盲目跟风，随意改变。

8.2.4 将他人的经验为自己所用

在大多数领域中，都存在着多个小程序，这在形成竞争关系的同时，也造成了不同小程序之间发展程度的差异。

在这种情况下，必然会有走在行业前列的小程序，而这些小程序往往又是行业内用户体验做得比较好的。所以，运营者可以通过学习这部分小程序的打造策略，更好地为用户提供服务。

以投票类小程序为例，"腾讯投票"小程序因具有较强的实用性，而且得益于腾讯的品牌效应,在投票领域内属于发展得比较好的小程序,但是,该小程序会以微信头像的形式显示投票者的具体选择,如图 8-17 所示为"腾讯投票"小程序的投票界面。虽然对投票者的信息进行具体显示可以更直观地把握投票信息,但是,部分投票者可能会因为投票的具体情况可以被查看而不敢轻易进行选择,更会因为自身选择得不到保护而有顾虑,所以在这种情况下,投票可能难以获得预期的效果。

针对这个问题,同为投票类的小程序"壹点调查"在保证投票功能及页面视觉的同时,采取匿名投票方式,这样一来,投票者的疑虑消除,而投票自然也就能获得更好的效果。如图 8-18 所示为"壹点调查"小程序的投票界面。

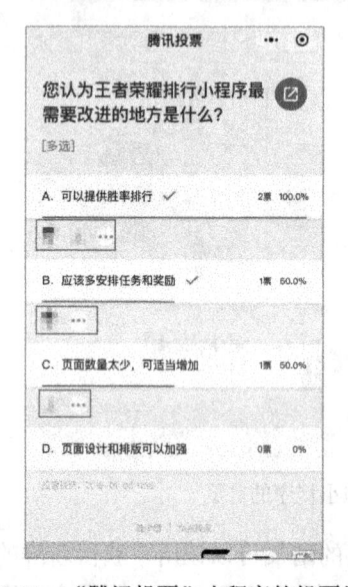

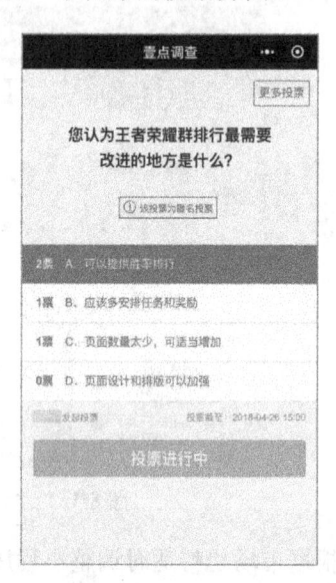

图 8-17　"腾讯投票"小程序的投票界面　　图 8-18　"壹点调查"小程序的投票界面

在学习对手打造策略的过程中,适当对相关内容进行调整是可以的,但画蛇添足就没有必要了。

例如,"人生进度"是一款以电量表示用户人生进度的小程序,其在表达人生苦短的同时,激励用户更充实地过好接下来的每一天,也正因为该小程序的激励作用,让许多用户迅速成为它的忠实用户,如图 8-19 所示为"人生进度"小程序的相关界面。

其实,除了"人生进度",还有一款名为"时光飞逝"的小程序的定位也是激励用户珍惜时间。如图 8-20 所示为"时光飞逝"小程序的相关界面。

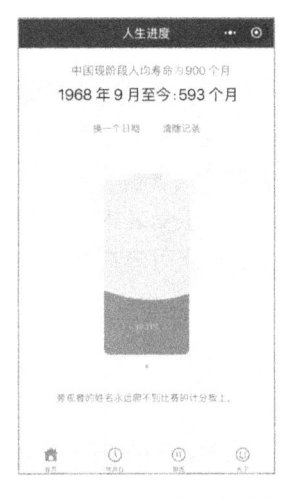

图 8-19　"人生进度"小程序的相关界面　　图 8-20　"时光飞逝"小程序的相关界面

部分用户在使用"人生进度"小程序之后，在感叹人生苦短的同时，希望可以通过充电让自己人生的电量更多一点。"时光飞逝"小程序便在界面中增加了"快速单击电池可以充电"的功能。其实，在"时光飞逝"小程序中，用户单击电池充电之后，电量就会增加，但该小程序既然是激励用户珍惜时间的，那么充电让电量更多便是与其初衷相矛盾的。所以，该小程序的充电功能就有些画蛇添足了。

8.2.5　通过创意打造新鲜体验

创意是任何小程序都需要具备的要素，而用户体验的打造也少不了创意。创意带给用户的远远不只是乐趣，更是理性与感性的双重洗礼。

以购物类小程序为例，运营者要想为消费者提供良好的购物体验，就需要在广告宣传、产品包装、产品销售、产品服务的创意上下工夫。只有这样才能带给用户与众不同的购物体验，还能给用户留下独特的印象。

那么要怎样通过创意来提升用户的体验感受呢？作者认为，小程序运营者需要把握好 4 个要点，具体如下。

1. 信息要真实

对小程序来说，创新很可贵，但更可贵的是不传递虚假信息。因此，如果运营者要想借助创意来塑造用户体验，一个最基本的前提就是保证信息的准确性和真实性。如果采用虚假的产品和品牌信息进行宣传和推广，就是对自己品牌的亵渎，更是对用户的不负责任，这是万万不可取的。

2. 传播要广泛

对于体验打造，要想让更多的消费者为此注目，就应该发展多种多样的传播创意的平台，为建立小程序的口碑提供连接的桥梁。小程序运营者可以通过微信、微博、博客、论坛等平台和渠道对创意进行传播。

为了实现口碑营销的效果，同时把创意注入到体验感受之中，平台的多样性极为重要。这样不仅能让小程序的创意得到推广，还能让用户在使用小程序之前就对小程序产生认同感。

3. 需求要契合

在为打造用户体验而加入创意设计时，不仅要从创意本身出发，还要从用户的角度出发，满足用户某方面的需要。只有这样，小程序运营者的创意才能契合消费者的利益需求。运营者要充分认识到，无论为体验加入什么元素，都要坚持一个原则，那就是为用户考虑。

那么具体应该怎么做呢？作者认为小程序运营者可以在创意确定之前，先对市场进行调查分析，精确地掌握用户的利益需求，然后把创意与用户的利益结合，为用户打造具有创意的体验。

4. 主旨要明确

创意话题不能变来变去，因为口碑的建立依赖的是定性的产品印象，即使产品会升级换代或改变包装，创意话题也会不断推陈出新，甚至和以前大不相同，但企业要保证创意话题一定要围绕中心主旨。

在用创意进行运营推广时，运营者必须坚持自己的主要宗旨不动摇，只有这样，才能一鼓作气快速达成原定营销目标。因此，创意体验的主题不能随意变化，它必须围绕主旨。

● 8.2.6 个性内容营造特色感受

小程序运营者要想为用户提供富有个性的特色体验，就应该从内容入手，为内容融入一些特色，以便更好地吸引用户，让用户对小程序有更加鲜明的认识，一提到某一内容，用户便会想到自己的小程序。

经过一段时间的发展，市场中涌现了大量小程序，虽然小程序的总体发展形势是向好的，但是这也使得小程序之间的竞争愈发激烈。那么小程序运营者要从哪些方面着手，使用户拥有特色的体验呢？以购物类小程序为例，要打造特色用户体验，运营者至少需要从以下5方面努力。

1. 保证产品品质

对小程序来说，特色固然重要，但产品的品质始终是最为基础的保障。光有个性没有质量的产品，无法为消费者带来实际的利益。产品的品质可以从核心品质、边缘属性品质和延伸属性品质这3个层面来进行分类。

在这几个品质里，核心品质最为关键，因为它拥有最基础、最实用的功能。举例来说，购买一款电脑，其核心品质就是上网流畅、办公便捷，并且能够带给人们便利。如果用户从小程序平台上购买的电脑无法正常上网，那么用户的购物体验一定是非常糟糕的。

一个产品没有核心品质，就如同一个人失去了灵魂。一个产品的核心品质是其在市场站稳脚跟的法宝，同时也是有利于打造用户良好体验的强大基因。

2. 确保高性价比

高性价比是消费者一直以来的追求，因为谁都想买到物美价廉的产品，享受身心愉悦的购物体验。对此，小程序运营者在给产品定价时，可以从同类产品的定价策略、消费者愿意支付的价格、产品的研发和生产成本及市场中的总体消费水平等方面着手，保证产品具备较高的性价比。

3. 讲究页面美观

要使小程序的外形美观主要需要做好两方面的工作。一是小程序页面的美观。如果一个购物类小程序的页面效果太差，用户甚至不愿意多停留，那么小程序将很难获得发展。二是小程序平台中产品外形的美观。无论购买什么产品，消费者第一眼关注的肯定是产品的外形。因此，想要打造富有特色的用户体验，首先要对产品的外形进行打磨。如果产品能受到用户关注，就很有可能让用户转化为消费者，激发其购买力。

所以，小程序运营者，特别是个人形式的小程序运营者应尽可能地将产品外形美观的一面展现给用户，让产品获得更高的印象分。

4. 融入科技元素

随着时代的发展，科技已经成为人们生活中不可或缺的一部分，小程序电商平台的设计也离不开科学的助力。运营者可以通过为小程序和产品植入科技元素的方法，为小程序和产品增加特色。如此一来，用户也可以从科技创新中感受到小程序和产品的独特之处，进而获得更好的使用体验。在小程序电商平台中为小程序和产品添加科技元素可以给小程序的发展带来三大好处，一是吸引媒体注意,增加曝光;二是高科技带来口碑效应;三是可以带动小程序电商平台的持续发展。

部分运营者没有充分认识到科技创新的重要性,只是一味地大量投入资金,这往往得不到预期的效果。其实,科技元素始终是小程序电商平台和产品需要重点关注的,因为这是小程序平台和产品的最大创新特色所在。

5. 明确呈现功能

对用户而言,一个富有特色的小程序平台能让自己主动去使用,还会乐意向身边的人推荐。那么怎样的小程序才算富有特色呢?作者认为,兼顾功能性和实用性是必须具备的要素,也就是说,小程序电商平台的设计要简洁,重要的版块要醒目,要能够明确呈现出小程序的功能。

第 9 章

11 个用户留存技巧,快速收获大量忠实粉丝

9.1 用户留存的4大制胜要素

小程序要做的绝对不应该是"一锤子买卖",一个小程序平台要想获得长期的良性发展,必须通过提高用户留存率来积蓄力量。而用户的留存又取决于购物的体验,所以在此过程中,小程序运营者需要做的就是把握用户留存的制胜要素,让用户看到小程序的闪光点。

9.1.1 过硬的产品质量

质量是产品价值的重要体现,每个顾客都希望自己买到的产品是质量过关的。正因为在购物之前对产品的质量有了一定的预期,所以顾客会结合实际和预期对产品进行评价。而此时产品的质量在一定程度上就直接决定了用户的购物体验。

相信大家在查看顾客评价时经常会发现这种情况,明明是同一商家的同一批产品,却会出现截然不同的评价。如图 9-1 所示为"京东购物"小程序中顾客对同一商家销售的丑橘的评价。

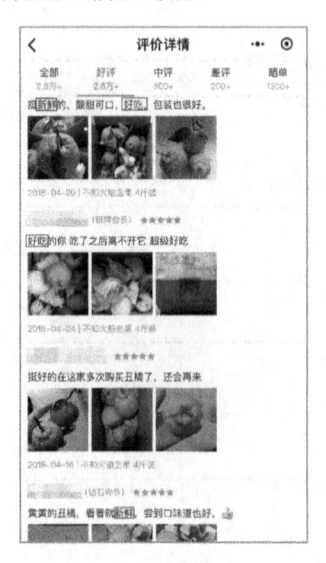

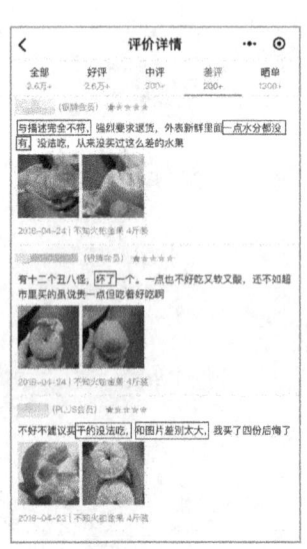

图 9-1 "京东购物"小程序中顾客对同一商家销售的丑橘的评价

从图 9-1 不难看出,虽然是同一时间段内对同一商家的同一款商品做出的评价,顾客的评价却呈现出明显的两极化。如果仔细查看就会发现,顾客给好评是因为"好吃""新鲜",而给差评则是因为"与描述不符""没有水分""坏了"。而这些关键词又正好是顾客对产品质量的形容。换句话来说,顾客的购物体验是基于产品质量的。其实,即使是在其他外在条件都挑不出毛病的情况下,只要产品质量出了问题,顾客就不可能有好的购物体验。因此,在小程序电商的经营过程中,运营者一定要把好质量关。

需要说明的是,产品质量是小程序电商平台的命脉,一旦给顾客留下质量不好的印象,很可能会直接造成销量的剧烈下降。所以,当顾客对质量有疑虑时,运营者一定要利用各种社交方式进行沟通,消除顾客的疑虑。

9.1.2 低廉的产品价格

随着网络技术的发展,顾客的购物渠道不断扩展。在这种大形势之下,小程序电商运营者在店铺经营过程中一定要让产品更具竞争力。

那么一件产品怎样才能拥有竞争力呢?质量自然是一个非常重要的因素,但价格同样是不可忽视的。而且许多顾客在购物时都有"货比三家"的习惯,因此,拥有价格优势的店铺往往更能得到顾客的青睐。

如图 9-2 所示为两个小程序电商平台中的 5 斤猕猴桃的"商品详情"界面。从中可以看出,在产品重量相同的情况下,这两家店铺之间的价格之差超过了 20 元。

图 9-2 两个小程序电商平台中的 5 斤猕猴桃的"商品详情"界面

虽然许多人都信奉"一分钱一分货",贵一点的产品的质量通常来说也会更好一些。但是,当价格差距非常明显时,大部分人还是会选择价格更便宜的。因为购买价格相对便宜的产品更划算一些,而且即使产品质量真的存在问题,也不至于吃太大的亏。

所以,运营者可以尽量控制产品价格,以薄利多销的方式进行销售,并充分利用各种社交手段进行宣传,从而给潜在消费者留下物美价廉的印象,让潜在消费者将平台作为购物首选。

9.1.3 平台的不可替代性

小程序毕竟只是一款应用,而人们对同类应用的选择空间是比较大的。所以,如果运营者只是一味地模仿他人,可能很难让小程序脱颖而出。

这一点"爱奇艺视频"小程序就做得很好,用户在进入如图 9-3 所示的"频道"界面后,在"全部类型"一栏可以看到"自制剧"选项。

图 9-3 "频道"界面

值得一提的是,"自制剧"版块的内容都是"爱奇艺视频"的原创内容,其中很多内容都需要用户开通会员才能观看,而这就让该小程序具有了不可替代性。

"世界上没有完全相同的两片树叶",每个小程序都会有其特别之处。而运营者需要做的就是将这种特别之处放大,让其具有不可替代性。

9.1.4 不给用户留麻烦

世界上没有任何事物是真正十全十美的，小程序也都或多或少会存在一些问题。对此，运营者需要明白的是，一个小问题如果不能被及时解决，随着时间的推移，很可能会演变成大问题。而且如果一个小程序长期存在问题，也会让用户对其失去信心。所以运营者一定要尽可能地不给用户留麻烦。当然，最好的方法就是及时解决问题，而要解决问题，首先得明确问题。

因此，还得给用户提供一个意见反馈的入口。这一点"腾讯视频"小程序就做得很好。单击"我的"，进入该小程序的"个人中心"界面。单击"设置"按钮，如图 9-4 所示，便可进入"设置"界面，单击该界面中的意见反馈按钮，如图 9-5 所示。

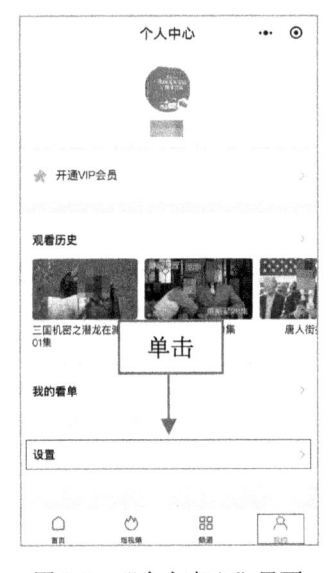

图 9-4 "个人中心"界面　　　　图 9-5 "设置"界面

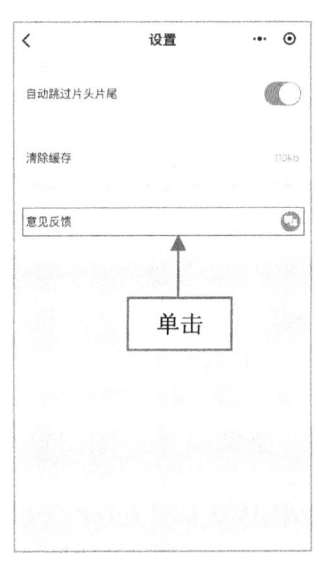

在单击"用户反馈"按钮之后，即可进入"腾讯视频客服会话"界面，如图 9-6 所示。而用户在该界面中输入的内容，又将以"小程序客服消息"的形式出现在微信的"信息"界面，如图 9-7 所示。

通过提供意见反馈入口，运营者不仅可以很好地与用户进行互动，还能快速了解用户遇到的问题，并加以解决。这样一来，可以在一定程度上把潜在问题一一解决，避免给用户留问题。

图9-6 "腾讯视频客服会话"界面　　　图9-7 小程序客服消息提醒

9.2 方法用得好，用户不会跑

小程序留存的关键就在于要与顾客进行沟通，及时对小程序进行调整，让用户认准小程序的"字号"。对此，小程序运营者还需要掌握一定的方法，只要方法用得好，用户就跑不了。

9.2.1 签到有奖，增加登录率

签到奖励是大部分互联网平台都具备的模块，其基本特点如下。
（1）主动记录：通过签到记录用户网络位置；
（2）荣誉激励：将签到与奖励机制直接挂钩；
（3）同步分享：签到模式往往可以带动分享；
（4）后续内容：签到可以预热接下来的内容。

App签到的模式简单，所以应用较为广泛，是目前使用比较频繁的一种与用户互动的营销模式。

虽然小程序中的签到奖励并不算常见，但同为应用，小程序可以借鉴App运营的经验，选择合适的切入点，建立签到奖励模块。总体来说，小程序签到奖励模块的切入点主要有3个，具体如下。

1. 丰富签到形式

利用签到模式提供服务和特价活动，是商家推出签到模式的一个目的。随着签到的盛行，形式多样的签到活动开始被人们所熟知，常见的签到形式如下。

（1）群体活动，如20个人一起签到，可以得到一定价值的徽章。

（2）朋友活动，如4个人同时签到，可以得到一个免费的点心。

（3）新手活动，如新手签到，可以得到一杯免费的饮料。

（4）累积活动，如第5次、第10次签到可以得到额外优惠券。

如图 9-8 所示为"海盗来了"小程序的签到界面，其采取的是累积签到奖励的形式。

图 9-8 "海盗来了"小程序的签到界面

2. 创新签到模式

纵观各应用的签到形式，大多数应用仍然采用的是传统的在登录之后进行签到的方式。虽然这种签到形式能在一定程度上让用户养成使用该应用的习惯，但该形式仅针对线上，而且大多数用户签到之后便直接退出登录，所以，这种签到形式的作用其实是比较有限的。

对此，运营者可以效仿"蘑菇街女装精选"小程序的做法，将打卡与领福利、购物等联系在一起。用户在进入该小程序后，便可以看见"签到领福利"版块，如图 9-9 所示。单击便可进入"打卡领福利"界面，如图 9-10 所示。

▶▶ 微信小程序运营：创意设计+渠道布局+用户运营+营销转化

图 9-9 "蘑菇街女装精选"小程序首页　　　　图 9-10 "打卡领福利"界面

单击"打卡领福利"界面的卡片，用户便可以进行签到并获得一定的福利，如图 9-11 所示。值得一提的是，在连续签到 3 天和 7 天之后，用户还可以获得额外奖励，单击图 9-11 中的"额外优惠券"，就可以获得额外的打卡奖励，如图 9-12 所示。

图 9-11 签到福利　　　　图 9-12 额外的打卡奖励

虽然额外优惠券的金额比较小，但也是一种福利，而且在领到额外奖励时，用户可能会很自然地单击"立即使用"按钮，这样一来，也激励了用户的购物行为。

3. 增加竞争机制

2015年10月，微信朋友圈里开始流行拼步数，许多用户为了步数排名更靠前，使出浑身解数拼命地走路，每天能走两三万步甚至更多，这就是利用用户的竞争心理来推动软件的发展。

小程序运营者也可以效仿这种签到排行模式，将使用小程序的用户与其微信好友的签到进行排行，形成一种竞争关系，在增加用户活跃度的同时，让小程序更具趣味性。

9.2.2 积分奖励，提高获得感

奖励模式的推行会让用户觉得有所收获，从而使其更容易去关注某样东西，这是生物的趋利性本能。而随着社交网络的发展，关注同一事物的人越来越多。因此，奖励模式的推行很容易在社交的推动下形成雪球效应。

奖励的形式有很多种，其中积分类的奖励最为常见。积分模式的表现形式有很多，根据实际情况不同而有所变化，如推广产品、集赞等。这种模式在目前互联网环境下比较流行，能够很好地增加普通用户，并提高用户的留存率，有利于培养核心用户。

例如，用户在进入"i麦当劳"小程序后，便可在首页看到"积分商城"版块，如图9-13所示。

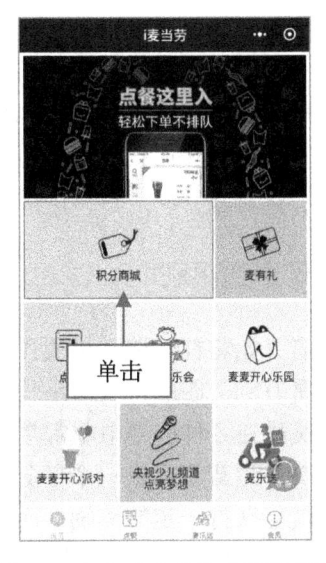

图9-13　"i麦当劳"小程序首页

单击"积分商城",则可进入如图 9-14 所示的"积分兑换优惠券"界面,查看可以兑换的商品。如果用户需要兑换某个商品,只需单击该商品所在的位置,便可进入如图 9-15 所示的"优惠券详情"界面,单击下方的"现在就兑换"按钮,即可用积分兑换对应的商品。

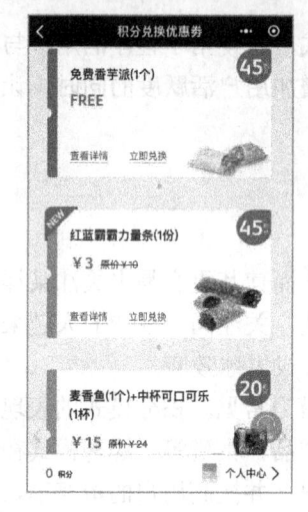

图 9-14　"积分兑换优惠券"界面　　　图 9-15　"优惠券详情"界面

另外,在制定积分奖励机制时,运营者可以有意识地增加用户与线下实体店的接触机会。例如,在"i 麦当劳"小程序中,用户在兑换优惠券后,需要到实体店使用,而用户单击"优惠券详情"界面中的"查看附近适用餐厅",则可查看附近店铺的位置,还可以利用导航软件导航。

除了在小程序平台推行积分奖励,运营者还可以通过打电话、发信息等社交方式,让顾客了解正在进行的活动,从而让顾客一传十、十传百,主动向周围人宣传小程序平台。

9.2.3　任务奖励,在玩中送福利

目前,越来越多的运营者开始将任务奖励模式作为一种重要的营销手段,原因在于它对潜在消费者来说是有利可图的,而对小程序平台来说,任务奖励又有助于增加人气,因此,任务奖励在各种应用中非常常见。

任务奖励的模式十分简单,运营者提供一个任务(通常需要与社交活动相结合),用户在将其完成后,就能获得一定的奖励,而在此过程中,小程序平台不仅能获得用户的使用时间,更能通过用户的社交圈获得更多新用户。

例如,"京东购物"小程序就围绕"京豆"(京东平台的一种积分体现形式)推出了一系列活动。用户进入如图 9-16 所示的"京豆乐园"界面,单击"京豆任务"下方的"玩京豆探宝"按钮,即可进入如图 9-17 所示的"京豆探宝"界面。

图 9-16 "京豆乐园"界面

图 9-17 "京豆探宝"界面(1)

花费 30 京豆,单击图 9-17 中的"探豆宝箱"按钮,用户便可以获得宝箱,如图 9-18 所示。只需单击其中一个宝箱,便可以获得一定数量的京豆。而京豆又可以在"换福利"版块兑换福利和优惠券,如图 9-19 所示。

图 9-18 "京豆探宝"界面(2)

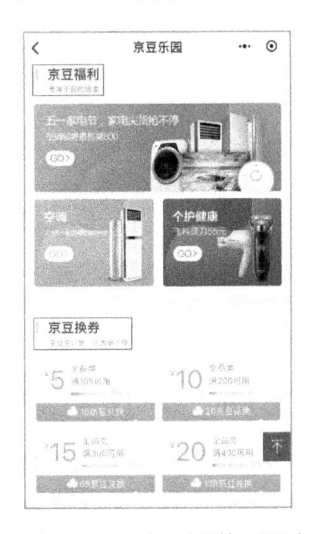

图 9-19 "京豆福利"界面

微信小程序运营：创意设计+渠道布局+用户运营+营销转化

在这一系列活动的推动下，用户会更愿意使用"京东购物"小程序。这不仅能够增加用户的活跃度，提高电商平台的用户留存率，还能通过用户的分享，获得更多的潜在消费者。

与其他方法不同，任务奖励往往要求用户参加相应的活动，但大多数用户通常都不会太反感。因为相关的任务都有一定的趣味性，而且在完成后还可以获得奖励，许多用户还是会乐意参加的。

9.2.4 适度让利，有舍才有得

人都是趋利的，商家如此，顾客也是如此。因此，如果一个微信小程序能够通过社交活动给予顾客一定的福利，让顾客觉得在你这里购物是划得来的，那顾客自然会愿意留下来。

为此，小程序电商运营者要适当采取"以小舍换大得"的策略，以向顾客赠送一些福利为噱头，通过社交媒介和用户进行宣传，让电商平台获得更多的销量和更大的影响力。这一方面最具代表性的当属"拼多多"小程序了。

在进入该微信小程序电商平台后，用户便会看到各种各样的活动。这其中既包括有时间限定的"限时秒杀"，也包括有数量限定的"爱逛街"，如图 9-20 和图 9-21 所示。

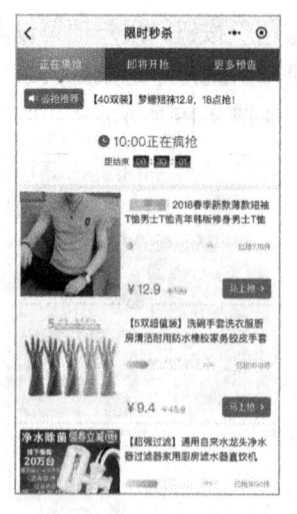

图 9-20　"限时秒杀"版块　　　　图 9-21　"爱逛街"版块

同时，还包括以低价为卖点的"九块九特卖"和"1 分抽大奖"，如图 9-22 和图 9-23 所示；还有以品牌特卖为切入点的"名品折扣"和"品牌清仓"，如图 9-24 和图 9-25 所示。

第 9 章　11 个用户留存技巧，快速收获大量忠实粉丝

图 9-22　"九块九特卖"版块　　　图 9-23　"1 分抽大奖"版块

图 9-24　"名品折扣"版块　　　　图 9-25　"品牌清仓"版块

另外，在该小程序中，用户还可以享受团购优惠、红包满减等福利。从以上内容不难看出，在"拼多多"小程序中，即使是买同一件商品，用户也可以从多项活动中选择最优惠的方式。

当运营者适度让利时，用户的利益便在一定程度上得到了保障，而顾客自然而然地也就会将该小程序电商平台作为重要的购物渠道，甚至在社交过程中将其推荐给周围人。该小程序不仅提高了用户留存率，更能够获得大量新用户。

9.2.5 等级服务，让钱花得值

提供等级服务的效果是比较明显的，有会员制的小程序会比没有会员制度的小程序更容易获得核心用户，而且当等级服务与社交活动相关联时，用户留在该平台的意愿也会有所增强。

因为会员制意味着用户需要为此付出一些成本，而在付出成本之后，大多数人的使用次数都会增加，进而逐渐将小程序的使用当成一种习惯，并在不知不觉中成为核心用户。而且会员作为一种身份的象征，能够让等级较高的人在社交过程中觉得更"有面儿"。

当然，在会员制实施的过程中，等级服务是关键，运营者只有让用户享受到一定的权利，才能让其心甘情愿地成为会员。这一点运营者可以参考"爱奇艺视频"小程序的做法。

用户在进入"爱奇艺视频"小程序后可以看到，有些资源带有 VIP 标志，也就是说只有会员才能观看。如图 9-26 所示为"爱奇艺视频"小程序首页，从中可以看到，在这 6 部热门电视剧中有 4 部属于 VIP 资源。这就意味着用户要获得更多的热门资源，就需要开通会员。如图 9-27 所示为"爱奇艺视频"小程序中开通会员的相关介绍。

图 9-26 "爱奇艺视频"小程序首页

图 9-27 "爱奇艺视频"小程序中开通会员的相关介绍

对会员来说，仅拥有更多资源可能还是不够的，对此，爱奇艺为了吸引更多

第 9 章　11 个用户留存技巧，快速收获大量忠实粉丝

用户开通 VIP，还设置了"功能""内容""身份""生活"等特权，具体如图 9-28 所示。

图 9-28　爱奇艺的会员特权

除此之外，运营者还应尽可能地让不同等级的会员所享受的权益有所差异。例如，"爱奇艺视频"便将 VIP 分成 7 个等级，并将各等级会员可以享受的权益明确列出，如图 9-29 所示。用户为了获得更多权益，就会一直保留会员身份，而这样一来，平台的用户留存率自然也就提高了。

图 9-29　爱奇艺各等级会员的权益

当然，因为有代码包的限制，小程序还不能提供等级化的服务。例如，"京东购物"小程序虽然会显示用户的会员等级，却没有对会员的相关信息进行详细介绍。尽管如此，小程序运营者还须具备一定的前瞻性。等级化服务的提供可以增加用户对平台的认同感，从而有效地提高用户的留存率。不难想象，随着代码包限制的放宽，提供等级化服务很可能会借助社交场景成为小程序平台增加用户黏性的一个利器。

9.2.6 借助社交，促成二次消费

对小程序运营者来说，非常现实的一个问题就是绝大部分用户与运营者是彼此陌生的。在这种情况下，运营者很难让用户放心地消费，让用户二次消费更是难上加难了。

对于这个问题，运营者完全可以借助社交之力，有效地进行解决。具体来说，运营者在实际操作时可从如下 3 方面入手。

1. 利用社交活动进行推广

运营者的精力毕竟有限，要想凭借一己之力提高用户留存率并不是一件易事。其实，在小程序的运营过程中，运营者可以换一种思路，利用社交活动让已有用户成为平台的宣传者，借助用户的朋友圈来推广平台。

在这一点上，"拼多多"小程序的做法值得借鉴。"拼多多"小程序设置了"1分抽大奖"版块，在这个版块中，运气好的用户能够以极低的价格购买商品，但前提是要先组团，如图 9-30 所示为其中某商品的"商品详情"界面。

用户在单击下方的"¥0.01 一键拼"按钮之后，进入如图 9-31 所示的邀请好友参团界面。该界面不仅显示参团的人员、结束时间，还会显示"分享到 3 个群后，即可获得 88 元红包"。在这种情况下，用户自然会愿意将参团信息进行分享，而在此过程中，用户便不自觉地成为该平台的宣传者。

随着微信等社交工具的发展，社交对营销活动发挥着越来越重要的作用。在这种形势下，运营者要想让自己的小程序获得发展，在制订社交营销方案、利用社交促成交易的同时，谋求用户的二次消费是必须要做的工作。

2. 借助沟通拉近距离

因为小程序是线上平台，运营者与用户之间必然会存在地理位置上的距离，而这种距离又会造成心理上的距离。这也是为什么许多人宁愿花更多钱在线下购物，也不愿意网购。

图 9-30 "1 分抽大奖"中某商品的"商品详情"界面　　图 9-31 邀请好友参团界面

对于这种情况，最好的解决方案就是借助沟通来拉近心理距离。例如，当用户对某些信息有疑惑时，运营者可以用接地气的方式进行解读，让用户觉得像是在和邻居交谈。这样一来，用户会觉得运营者非常亲切。

3. 通过售后服务增加好感

正如前面提到的，小程序电商平台要做的不是"一锤子买卖"，运营者不仅要引导用户购物，更要让平台成为其下次购物的首选。而在此过程中，除了产品自身品质过关，售后也是非常重要的一环。

对此，运营者可以积极地对用户的评价和相关问题进行反馈和解答，甚至可以通过建立用户群的方式，在日常生活中多与用户进行交流，增加小程序平台在其心中的好感度。如此一来，当顾客有购物需求时，首先想到的自然是该小程序。

9.2.7 多做活动，激发消费欲望

许多人喜欢看热闹，当看到某个地方围了很多人时，大多数人都会有过去一探究竟的想法。而在小程序中做活动，特别是做大型活动的好处就在于可以快速积累人气，而且有的人在看到某些活动后，还会告知身边的朋友。这样一来，便会有不少人抱着看热闹的心理来查看活动的内容。

一般来说，小程序运营者可以通过两种方式进行活动推广，从而聚集人气并增加用户的使用时间和提高用户留存率，具体如下。

1. 定期活动

定期活动即在固定时间开展的活动，例如，许多小程序电商平台都会设置类似"整点秒杀"的活动。这种活动通常有两个特点，一是在固定时间点进行，二是用户可以提前了解参加活动的商品。

例如，"国美商城"小程序就设置了一个"hi 抢购"版块，这个版块就是在 0 点、8 点、12 点、16 点和 20 点进行整点抢购，而且只要单击某个时间点，便可查看这个时间点参加活动的产品，这就是一个定期活动。如图 9-32 所示为 "hi 抢购"版块的相关界面。

图 9-32 "hi 抢购"版块的相关界面

2. 不定期活动

除了定期活动，部分小程序电商平台还会不定期地举办一些活动。这些活动通常具有两个特点，一是时间不固定，二是活动的规模一般比较大。例如，在学生开学的时间段，"京东购物"小程序举办了"五一家电全民拼购"的活动，如图 9-33 所示为该活动的相关界面。

当然，很多人在购物时还是比较理智的，并不是一看到活动就会下单购买。但多做活动至少可以起到一个作用，就是让用户有单击查看的欲望，从而增加用户的使用时间。

无论是定期活动还是不定期活动，只要是活动，用户便会觉得购买的产品会比平时要便宜一些。因此，许多用户都会关注自己感兴趣的活动。而随着活动数量的增加，用户使用小程序的时间势必也会有所增加，这样一来，小程序平台的用户留存率便得到了提高。

图 9-33 "五一家电全民拼购"活动的相关界面

第 10 章

12 个品牌打造方略,名号叫得响,不选你选谁

10.1 品牌是实力的重要组成部分

品牌是一种用户和小程序产品或企业之间的感情连接，也是一种用户对产品象征意义的感悟，能够唤起用户的消费意识。品牌的意义在于能够塑造和提升产品的独特性、识别度和用户对产品的好感度，品牌既包含利益成分，又包含个性和文化成分。

10.1.1 品牌与利益直接挂钩

小程序的品牌就是利益，小程序品牌能够吸引用户的购买欲望，能够树立一种权威形象，并且形成影响，吸引广告合作和商业融资，以进行商业化扩大和升级。

品牌的利益大致有两种，一是快速获得的利益，二是通过周转获得的利益。具体来说，就是用户直接购买产品让运营者获得收益，以及通过商业融资或合作扩大小程序的品牌影响力。

例如，说到思维，许多人想到的可能是逻辑思维，是"得到"App 的创始人罗振宇。因此，当"得到"App 推出"知识礼物"（原来的"得到商城"）小程序后，许多人因为"得到"这个品牌而在"知识礼物"小程序中进行购物。

许多人在购买产品时，会将品牌与产品质量直接挂钩，仿佛大品牌的产品就一定是可靠的。这也是为什么运营者要重点打造具有品牌的小程序平台。

10.1.2 品牌需要更具辨识度

小程序品牌需要个性，品牌要以其独特性和辨识度在用户心中形成品牌象征和品牌印象，并和同类经营者的品牌形成显著差别，从而让目标用户一想到某一领域时，便会马上想到该品牌。

个性小程序电商品牌的打造，关键在于打造有别于同行的运营形象，具体表现为品牌的独特性和辨识度。通过品牌形象的打造，在目标用户心中留下印象，提升自媒体电商品牌的地位。

例如，一提到原创型视频平台，许多人想到的可能是"爱奇艺"，因为其有"自制剧"栏目，所以，当其推出小程序后，许多人都会关注该小程序。

在小程序风格的打造中,作者曾提到"个性"的概念,在内容、风格的个性规范中,强烈要求经营者表现出自己的独特见解、独特视角、独特态度,严禁抄袭;在内容写作和品牌经营中,个性的定义是相通的,都是要拥有自己的独特性和辨识度。品牌对独特性和辨识度的追求,已经强化到了连品牌 Logo 也要独一无二,而且针对商标侵权的保护已经明确立法了。

10.1.3 品牌是文化的一部分

小程序品牌是文化的一部分,这一说法的根源在于品牌是一个小程序企业经过长期学习和实践形成的文化积累,这种学习和实践贯穿企业经营的宗旨、信念和理念,是企业经营的精神性指导。

所谓企业品牌等同于文化,是指企业通过长期学习和实践形成了一种经营宗旨、信念和理念,这些元素会成为企业文化的一种,对升华品牌形象起重要作用。

小程序品牌文化的意义在于其能为用户提供一种心理需求的满足,小程序品牌文化之所以能够获得用户的拥护,就在于用户在品牌文化的感染下,会对运营主体有一个明确的心理定位,对自己也有一个明确的心理定位。

总体来说,小程序品牌文化最大的作用就是提升用户对运营主体的好感度。小程序品牌文化的加强主要有两个方向,一是通过品牌重要性和象征性的提升,加强品牌的自身文化;二是通过品牌价值度和感染力的提升,加强品牌文化的影响力。

许多人在购物时都会选择自己认为可靠的品牌,并将该品牌作为长期的选择。在此过程中,"可靠"就来源于自媒体在用户心中树立的品牌形象,而小程序品牌形象在根本上又是由其品牌文化决定的。

小程序品牌文化对用户的影响是潜移默化、深远持久的。说到小米,许多人想到的可能是产品的高性价比,用 1000 元左右就能买到智能手机。所以,在其推出小程序之后,便受到了许多用户的青睐,如图 10-1 所示为"小米商城 Lite"小程序的相关界面。

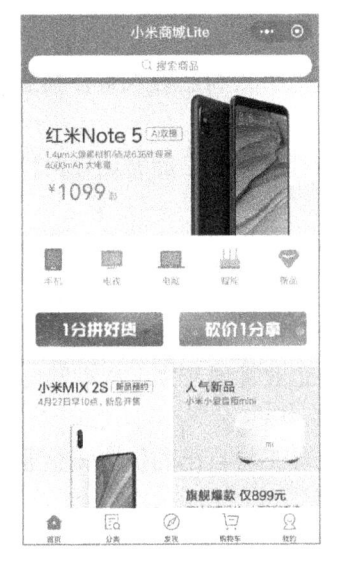

图 10-1 "小米商城 Lite"小程序的相关界面

10.2 品牌是企业文化的直观呈现

品牌与企业文化之间是相互成就的关系，企业文化的宗旨、理念等元素，在不断加强、升华的过程中，能够给用户留下一种良好的品牌印象，之后再由品牌的标识性、权威性和广泛影响性，把企业文化深入传播给每一个用户。

本节作者主要立足品牌对小程序企业文化的传播，通过品牌团队精神的彰显、服务质量的折射和文化层次的说明，帮助大家更好地理解品牌和小程序企业文化的关系，从而通过品牌和企业文化的打造，更好地促进小程序平台的发展。

10.2.1 品牌是团队精神的彰显

品牌是小程序企业团队精神的彰显，而团队精神是单位组织的灵魂；将企业文化的宗旨、理念灌输给每一个员工，使其成为所有成员一致认同的思想境界、价值取向和主导意识，能够反映一个团队的工作状况。所以，要打造小程序品牌，企业团队精神的培养是非常重要的一环。

要组成一支高效、和谐的企业团队，需要实现团队内部成员之间互助、互利目标的统一，实现团队整体利益与员工个体利益的统一。通常来说，组建一支高效、和谐的企业团队主要可以从如下3个角度入手。

（1）培养大局意识。大局意识要求员工把个人利益融入整体利益，但不牺牲员工的自我个性。

（2）培养协作精神。协作精神是团队精神的核心，能够让各岗位的员工互相联系，充分发挥团队的集体创造潜能。

（3）培养服务精神。服务精神的培养有利于员工在工作中树立良好的从业心态和奉献精神，提升团队形象。

一支具有大局意识、协作精神和服务精神的高效、和谐的企业团队的培养，需要有正确的企业管理文化的指导。正确的企业管理文化，应该做好3方面的工作，具体如下。

（1）大局意识。要尊重每一位员工，让员工将自己的价值和企业的价值视为一体，员工才能以企业为先。

（2）协作精神。让企业员工共同承担责任，在员工之间树立共同的价值目标，员工才会齐心协力，从而形成一个集体。

（3）服务意识。服务是企业的经营重点，因此企业对服务的管理也是重点，大局意识和协作精神都是服务管理的铺垫。

● 10.2.2 品牌是服务质量的折射

小程序品牌是企业文化的各项优势元素综合凝结的成果，而在企业文化中，团队的服务是最终的落脚点和最有力的竞争条件，因此人们在想到一个小程序品牌的时候，最先考虑的是企业能够提供的服务。

在辞典的解释中，"服务"是为他人做事，使他人获得利益的活动，尽管在为他人提供服务的过程中有可能会获得他人的物质报酬，但最好的服务是让他人觉得自己的收获要远远高于自己的付出，这样才能使双方的交往更加和谐。

优秀的服务团队之所以优秀，关键在于其能通过良好的职业态度、敬业精神及人格魅力等，获得用户对企业的好感、信任和尊重，从而让自媒体品牌在用户心中留下良好的印象。

例如，许多人在点外卖时，可能会选择"饿了么"小程序，之所以会如此，就是因为除了价格优势，该平台的部分店铺还配备了专送服务，在这些店铺中，用户可以享受准时达服务，一旦外卖送餐超时，还可享受一定的补偿。如图10-2所示为"饿了么"小程序中专送服务的相关界面。

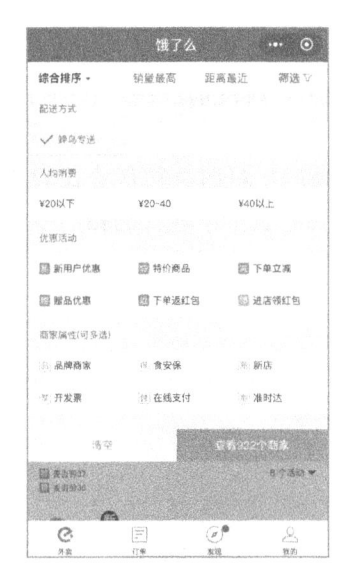

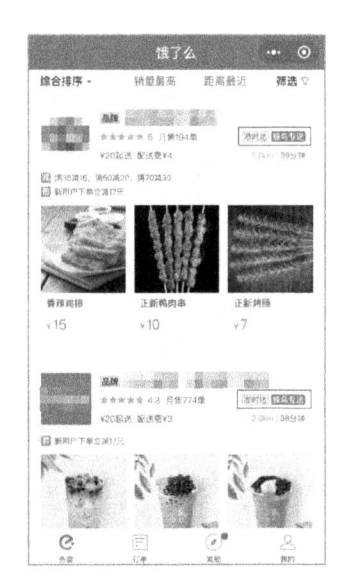

图 10-2 "饿了么"小程序中专送服务的相关界面

以服务影响用户的消费行为，表现最为显著的是客服人员在与消费者沟通时的服务态度。部分消费者在购物时，会习惯性地与客服人员进行沟通，如果客服人员提供的服务能够获得购买者的好感，那么消费者的购买可能性就会提高。反之，如果客服人员的表现令人反感，购买者可能会放弃购买。

10.2.3　品牌是文化层次的说明

小程序企业文化层次的差别就是企业之间品质的差别，而这种差别对自媒体品牌有很大的影响。因此，提高小程序企业文化层次便成为小程序运营者必须重点做好的一项工作。

小程序企业文化层次的差别，实际上是企业各项服务的差别，具体表现在服务理念、服务设施和服务效果等方面，这些差别将影响用户对企业的支持力度，直接决定运营的效果。

小程序企业的服务理念其实是企业的一种发展目标，理念的好坏也决定用户能不能理解其内涵并产生共鸣，另外，企业服务的硬件设施和体验效果表现了一个企业的背景实力，并影响用户的感受。理念、设施和效果是企业服务层次的 3 大指标。

小程序企业团队服务的理念、设施和效果，分别代表企业前期的实力积累、现期的效果提供及将来的发展前景，这 3 大表现在很大程度上能够决定自媒体企业品牌在行业内的地位及在用户心中的地位。

小程序企业文化层次决定了品牌的行业地位与用户印象，具体表现在企业实力决定品牌竞争力，服务效果决定品牌影响力，发展前景决定品牌可信度，进而影响品牌能否实现升级、能否留住用户及能否扩大影响。

例如，许多人，特别是年轻人在选择国产手机时，可能会比较青睐华为这个品牌，这主要因为该品牌一直致力于提供更适合年轻人的拍照手机。所以，"华为商城+"小程序在推出后，迅速得到了许多人的青睐。如图 10-3 所示为"华为商城+"小程序的相关界面。

图 10-3 "华为商城+"小程序的相关界面

10.3 品牌打造是运营的终极目标

品牌是小程序运营的终极目标，为什么这么说呢？因为拥有品牌才能拥有话语权，拥有品牌才有进入高端市场的资格。

10.3.1 品牌是企业运营的核心

正如前面提到的，品牌是小程序进入高端市场的通行证，品牌的树立能够给小程序的经营带来许多优势。其可以向目标受众展示小程序的实力，从而在一定程度上提升小程序平台的运营能力。

品牌能够为小程序的经营提高竞争力，使得小程序平台能够进入高端市场，但小程序在进入高端市场后，依旧要以品牌为运营核心。小程序自媒体运营的核心在于，通过不断增强品牌的说服力和公信力增强品牌的竞争力和影响力。

例如，经过多年的发展，"当当"已经在许多阅读爱好者心中树立了一个大型图书销售平台的形象，市面上的大多数图书均可在其旗下的应用软件中以较低的价格购买。因此，"当当购物"小程序在推出之后，依托品牌积累的力量，快速获得了大量订单。如图10-4所示为该小程序的相关界面。

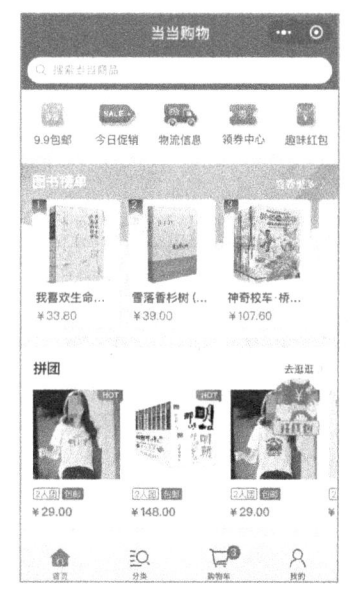

图10-4 "当当购物"小程序的相关界面

品牌的树立对于小程序的运营至关重要，将其说成是运营核心也不过分。树立的品牌就像是放置在用户心中的广告牌，它所起的作用就是在用户有需求的时候，增加用户对品牌的印象分，从而使小程序占得先机。

10.3.2 品牌是企业增值的资本

小程序平台要想实现增值，很重要的一种方式就是商业融资，但在通常情况下，投资方只有在看到小程序平台的价值后才会考虑投资，毕竟从商的人，谁也不想做亏本买卖。而对许多投资者来说，品牌就是衡量融资价值的一个重要因素。

对大多数小程序运营者来说，个人的力量毕竟是有限的，所以，当小程序平台发展到一定程度之后，部分小程序运营者可能会选择融资，以增强平台的总体实力。

而在融资过程中，品牌能够发挥极为重要的作用。一般来说，小程序品牌在融资中的商业价值主要体现为品牌对用户的影响力和号召力、品牌的公信力，以及品牌自身价值和资本价值的提升。

其中，用户影响力、用户号召力、用户公信力都是隐性价值，品牌自身价值和资本价值是直接可利用的价值，即专利价值和商标价值所包含的自身价值，以及品牌的文化价值和服务价值所包含的资本价值。

以商标价值为例，先不说商标可以卖多少钱，单从用户对商标的看法便可看到其价值所在。例如，许多人在买薯条、汉堡时，认准的就是"肯德基"的商标。

因此，在"肯德基"推出小程序之后，许多人便放心地在线上进行购物了。如图10-5所示为"肯德基+"小程序的相关界面。

图10-5 "肯德基+"小程序的相关界面

品牌拥有自己的产品专利和商标冠名，这些都是可以直接进行转卖变现的，如英国的某汽车公司将自己的技术、商标和专利分别卖给了中国的三家汽车公司，由此可见，品牌可以直接售卖，并且是可以单独售卖的。

品牌的文化价值和服务价值虽然不能直接售卖，但也同样有自己的专利权，如品牌名称、品牌广告等都是不容许抄袭的，因此品牌的资本价值只需进行转化，同样也能获得物质价值。

10.3.3 品牌是企业地位的象征

品牌是小程序运营者追求的地位象征，是小程序能够获得商业融资并进入高端市场的通行证，有了品牌的小程序在业内才有地位。这主要因为品牌可以作为一种实力呈现给目标用户，而受用户欢迎的品牌的发展机会相对更多一些，在行业内的地位自然也会更高一些。

之所以说品牌是小程序的地位象征，其中一个很大的原因在于，小程序品牌可以给企业及其电商带来一定的资本价值，这主要体现在品牌是小程序的信用支柱、实力证明、竞争武器和商业基础等方面。

接下来，作者就以"品牌是小程序的信用支柱"为例，进行重点说明。说到购买高价值产品的可信平台，许多用户首先想到的可能会是京东。之所以会出现这种情况，主要因为该品牌与其他品牌相比有两大优势，一是运送速度快，二是产品质量比较有保证。

因此，许多用户在购物评价中表示，京东运送速度非常快，是一个值得信赖的平台。如图 10-6 所示为"京东购物"小程序中的部分用户评价，这些评价就是用户信任"京东"这个品牌的有力证明。

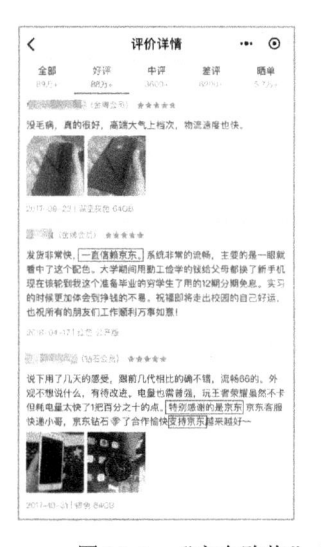

图 10-6 "京东购物"小程序中的部分用户评价

在小程序行业内，品牌之间的竞争也是很激烈的，并且有等级之分。小程序运营者虽然拿到了品牌这张通行证，但市场占有率却是呈塔状的、有阶级之分的。所以，小程序运营者还需要不断地完善自己、提升自己，打造更好的品牌。

10.4 品牌打造需要正确战略的支撑

在互联网时代，小程序企业的品牌营销已经成为占领互联网领域的重要一环，互联网对品牌营销有重大的影响，也带来了一定的挑战。所以，小程序运营者要想获得成功，还得制订正确的运营战略，为品牌的打造找好方向。

10.4.1 利用互联网思维打造口碑

对小程序企业来说，没有口碑就没有用户的忠诚度，没有用户的忠诚度就没有产品的销量。所以，运营者要想进行互联网品牌营销，提升产品的销量，第一步就是要打造品牌的口碑，提升用户的忠诚度。

那么小程序运营者应该怎样打造口碑呢？经过对众多成功案例的分析，作者总结了以下3点。

1. 做到极致

对任何企业来说，产品都是至关重要的，小程序品牌自然也不例外。因此，小程序运营者打造品牌口碑的第一步，就是要做"极致化"的产品，让产品成为目标用户的首选。

2. 辐射宣传

在小程序品牌口碑的打造过程中，有什么能比口口相传这种宣传方式更好呢？一般来说，口口相传主要是指基于铁杆粉丝、核心目标消费者和老客户，建立忠诚的消费群，由内而外地进行品牌塑造和宣传，形成"辐射状"的宣传效应。

以"拼多多"小程序为例，该小程序就充分利用了辐射思维。这不仅体现在通过团购的方式可以以更低的价格购得商品，更体现在领现金券也要集齐一定数量的人。如图10-7所示为"拼多多"小程序中团购和领券的相关界面。

无论怎么说，小程序平台始终处于互联网这个大环境中。所以，小程序运营者要想获得口碑，让平台快速发展，必须采取适合大环境的方法，以互联网思维为指导。

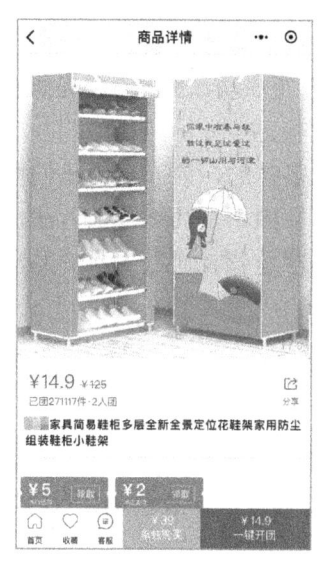

图 10-7 "拼多多"小程序中团购和领券的相关界面

3. 学会借势

粉丝数量从 100 发展到 1000，再到 10000，可以说是小范围的扩容，对大多数自媒体运营者来说，这一点不难做到。但要从 1 万发展到 10 万、100 万，甚至 1000 万，运营者又要怎么做呢？这个时候，运营者需要借助"东风"来帮助自己进行更高层次的口碑营销。

10.4.2 依托互联网寻找打造方案

与传统媒体和传统传播平台相比，互联网毫无疑问是最便捷、最广泛的品牌和信息传播平台。在互联网时代，当一个企业或自媒体运营者打算打造一个品牌时，制订出色的品牌战略就成为一件非常重要的事。

运营者要想在新的互联网环境中让小程序平台获得发展，还得借助互联网探索品牌的打造和营销方案。

小程序运营者利用互联网对品牌进行传播，其实就是企业通过互联网向消费者传递品牌的信息，从而获得消费者认可的一种手段。当然，在利用互联网进行传播时，小程序运营者还需要注意传播的策略。

通常来说，小程序品牌的传播策略主要包括广告传播策略、事件传播策略、植入式传播策略、体验式传播策略、游戏传播策略、微博传播策略、微信公众号和朋友圈传播策略等。

在互联网时代，营销成为一个企业发展的必要因素。对一个小程序品牌来说，虽不能说少了品牌的营销就一定无法取得成功，但有一点是很肯定的，那就是通过必要的营销，品牌更容易被目标用户记住。

当然，小程序品牌营销的方案是多种多样的，前人也给我们留下了许多经验，因此，对大多数小程序运营者来说，缺的不是品牌营销方法，而是适合自身实际情况的具体方案，而这还需要小程序运营者通过一次次的实践来寻找和确立。

10.4.3 立足需求，获得持久竞争力

传统企业也逐渐在适应互联网产品思维，慢慢朝产品策略进发。而从产品策略来看，要想让产品获得持久的竞争力，小程序运营者还得提供可以满足用户需求的产品。

小程序平台要想获得发展，提供能够满足用户需求的产品可以说是必不可少的。那怎样的产品更能满足用户的需求呢？对此，小程序运营者可以通过5种产品策略让产品更具竞争力，具体如下。

（1）品牌产品定价策略：折扣策略、低价策略和免费策略。

（2）品牌定价模式：生态链定价模式就是利用产品、延伸产品等相关联的事物，形成一种完整的生态链模式，通过流量来进行销售，从而获得利润。

（3）品牌产品的打造：打造符合市场需求的产品，扩大企业品牌的影响力，加大用户对品牌的认知度。

（4）互联网品牌产品战略：重点在于解决用户"痛点"问题，以及注重产品的迭代更新。

（5）品牌产品的延伸：品牌利用自身优势，不断推出新产品的策略。

以品牌产品定价策略为例，许多小程序平台都很好地运用了低价策略。例如，在"贝贝 VIP"小程序中，就推出了"新人福利"和"限时秒杀"版块，以较低的价格出售产品。如图 10-8 所示为"贝贝 VIP"小程序中"新人福利"和"限时秒杀"的相关界面。

小程序运营者可以为用户提供的产品是多种多样的，既可以是知识等虚拟产品，也可以是具体的实物。但是，无论哪种产品，要想让产品具有持久的竞争力，还得根据用户的需求提供产品，让产品更加符合目标用户的需要，让产品营销赢在起点。

第 10 章 12个品牌打造方略,名号叫得响,不选你选谁

图 10-8 "贝贝 VIP"小程序中"新人福利"和"限时秒杀"的相关界面

第 11 章

12 个成交转化攻略，掌握方法，赚钱赚到手软

第 11 章　12 个成交转化攻略，掌握方法，赚钱赚到手软

11.1　有销量自然就会有收入

对小程序运营者来说，小程序最直观、最有效的赢利方式当属销售产品了。运营者在小程序平台中销售产品，只要有销量，就有收入。具体来说，以电商形式让小程序变现主要有 4 种形式：借助大型平台的力量、打造独立的电商平台、促进线上线下联动、出售卡片，本节作者将分别进行解读。

11.1.1　借助大型平台的力量

虽然运营者可以开发自己的小程序，但以这种方式很难在短期内积累大量用户，而要通过销售获利就更难了。正因为如此，即使可以开发自己的小程序，许多店铺运营者还是选择借助京东等大型电商平台的小程序来销售产品，借用大型平台的流量谋求发展。

运营者在大型电商平台的小程序中销售产品的好处在于，这些平台的用户基础大，在入驻平台之后，运营者可以同时在 App 端和小程序端进行店铺经营；同时，每个店铺都可自行进行相关建设，其内容呈现效果并不比单独做一个小程序差。

如图 11-1 所示为"京东购物"小程序中"百雀羚京东自营官方旗舰店"首页，从中可以看出，虽然这只是一个店铺，但其呈现的内容十分全面。而且和单独的小程序一样，用户在进入"商品详情"界面后，是可以直接购买商品的，百雀羚某款产品的"商品详情"界面如图 11-2 所示。

图 11-1　"京东购物"小程序中"百雀羚京东自营官方旗舰店"首页

图 11-2　百雀羚某款产品的"商品详情"界面

借助平台的庞大用户群，小程序运营者只要做得好，便可以收获大量用户。从图11-1可以看到，"百雀羚京东自营官方旗舰店"便收获了31万粉丝。

入驻大型电商平台就好比借他人的舞台来表演，虽然这个舞台给运营者提供了大量受众，但与此同时，用户的选择空间也会更大。

大型电商平台就像是一个大蛋糕，人人都想抢一块，因此，入驻的商家会很多。也正因为如此，店铺的直接曝光率可能并不是很高。以"京东购物"小程序为例，在进入该小程序后，用户可以看到导航栏，却无法看到具体的店铺，如图11-3所示。

也就是说，在"京东购物"小程序中，平台可能不会主动向用户推荐你的店铺，如果运营者自身宣传不够，或者用户搜索不到你的店铺，那么最终进入店铺的用户可能并不会很多。

另外，因为平台中的店铺较多，所以，同样的产品会有许多商家在售卖，商家要想从中脱颖而出并不是一件易事。如图11-4所示为"软文营销实战108招"的搜索结果，从中不难看出，仅这一本书就有许多商家在卖。在这种情况下，必然会有某些商家的产品出现滞销的情况。

图11-3 "京东购物"小程序首页　　图11-4 "软文营销实战108招"的搜索结果

因此，在借助大型平台时，平台内的竞争也比普通平台要大一些。如果运营者想让自己的店铺获得可观的销售量，还得努力提高自身的竞争力。

11.1.2 打造独立的电商平台

在小程序出现以前，运营者更多的是通过 App 打造电商平台，可以说小程序开辟了一个新的销售市场。运营者只需开发一个小程序电商平台，便可售卖自己的产品，而且小程运营者还可以自行开发、设计和运营。这就好比提供了一块场地，小程序运营者只需搭台唱戏即可，而唱得好还是坏，则取决于运营者自身。

小程序对于运营者的一大意义在于，运营者可以通过开发小程序独立运营自己的电商平台，而不必依靠淘宝、京东这种大型电商平台。这就给运营者提供了一个很好的探索个体电商、实现新零售模式的机会。

具体来说，无论是有一定名气的品牌，还是名气不大的品牌，都可以在小程序中"搭台唱戏"，一展拳脚。如图 11-5 和图 11-6 所示分别为"唯品会"小程序和某花店小程序的首页。

图 11-5　"唯品会"小程序的首页　　　图 11-6　某花店小程序的首页

从中不难看出，无论名气大小，小程序运营者都可以通过打造电商平台来销售产品，从而实现小程序的变现。当然，要想让用户在小程序中购物，首先得让用户觉得小程序有其他平台没有的优势。

对此，运营者既可以学习"苏宁易购"小程序的做法，推出专门的"掌上抢"版块，为用户限量提供特价产品，如图 11-7 所示；也可以效仿"京东购物"

小程序的做法，设置"领优惠券"版块，减少用户的实际支付金额，如图 11-8 所示。至于具体如何做，根据自身情况进行安排即可。

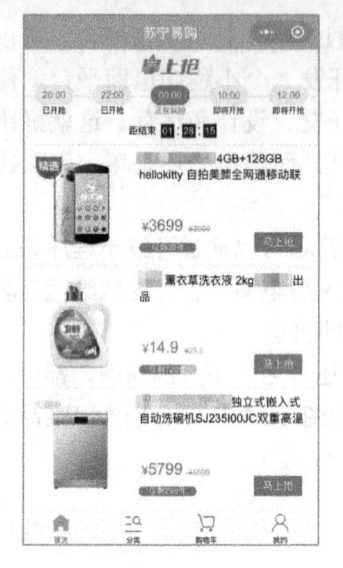

图 11-7　"掌上抢"版块　　　　图 11-8　"领优惠券"版块

小程序运营者，特别是拥有的品牌名气不太大的运营者，在单独开发一个小程序时很可能会遇到一个问题，那就是进入小程序的用户数量比较少。对此，小程序运营者需要明白一点，用户在购物时也是"认生"的，在运营小程序的初期，用户或许会有所怀疑，不敢轻易下单。但只要小程序运营者坚持下来，并在实践过程中将相关服务逐步完善，为用户提供更好的服务，小程序会吸引越来越多的用户，其变现能力也将变得越来越强。

11.1.3　促成线上线下联动

小程序运营者开发小程序的目的不尽相同，有的运营者开发小程序是为了进行电商创业，有的运营者是为了增加销售渠道，还有的运营者是想要借助平台来打通线上线下的渠道。打通线上线下渠道的方式多种多样，而在线上预约后到店取货是其中较为常见的一种方式。

"线上预约、到店取货"就是在线上购买产品后，用户自行到线下店铺领取产品。"CoCo 都可"小程序就是其中的代表。

步骤 01　"CoCo 都可"小程序首页如图 11-9 所示，用户单击该界面中的"自助下单"按钮，便可进入如图 11-10 所示的"定位"界面；❶选择店铺和取餐时

第 11 章　12 个成交转化攻略，掌握方法，赚钱赚到手软

间；❷单击"选择饮品"按钮。

图 11-9　"CoCo 都可"小程序首页　　　图 11-10　"定位"界面

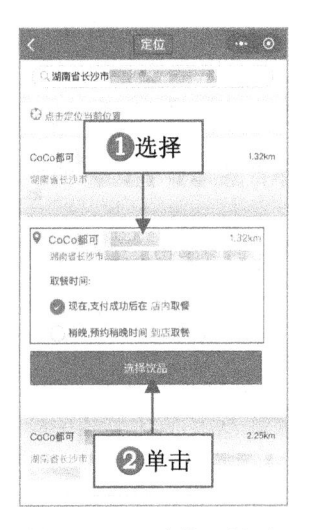

步骤 02　在执行操作后，便可在点餐界面❶单击➕图标，选择需要购买的产品；❷单击"选好了"按钮，如图 11-11 所示。

步骤 03　随后，用户将进入如图 11-12 所示的"提交订单"界面；用户只需单击"去支付"按钮，在支付之后，即可完成线上点餐。而在点餐完成之后，用户在指定时间直接到店铺领取购买的产品即可。

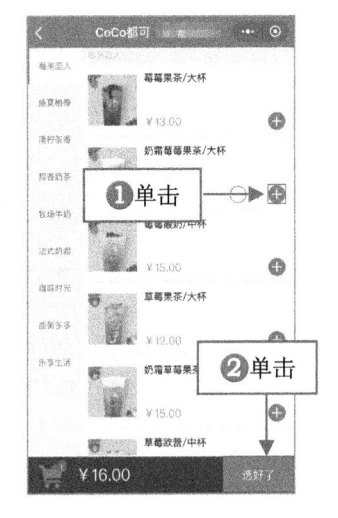

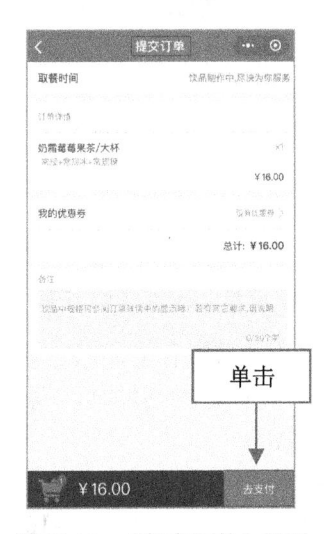

图 11-11　点餐界面　　　图 11-12　"提交订单"界面

- 197 -

小程序提供的实际上就是一个平台，小程序运营者既可将其作为销售渠道，也可将其作为线上线下的连接点。

● 11.1.4 出售卡片

部分小程序运营者，特别是在线下有实体店的运营者，在小程序的变现过程中探索出了一种新的模式，就是以礼品卡为依托，通过在线上出售卡片，让用户先交钱再消费。"星巴克用星说"小程序便是其中的代表。

步骤 01 "星巴克用星说"小程序首页如图 11-13 所示，在该界面中，用户可以选择对应的主题，以"咖啡＋祝福"的方式，向他人表达自己的心意。

步骤 02 如果用户选择的是"一杯之力"主题，在该界面中，用户可以❶选择卡面和礼品（礼品卡是其中的一种礼品形式）；❷单击"购买"按钮，如图 11-14 所示。

图 11-13 "星巴克用星说"小程序首页　　图 11-14 "一杯之力"界面

步骤 03 在执行操作后，❶进入如图 11-15 所示的"留下祝福"界面；❷选择赠送对象（可以是微信好友，也可以是微信群）；❸编辑祝福语；❹单击"送给朋友"按钮。

步骤 04 在完成操作后，便可进入"礼品卡"界面；如果显示"已赠送"就说明礼品卡赠送成功了，如图 11-16 所示。

图 11-15 "留下祝福"界面   图 11-16 "礼品卡"界面

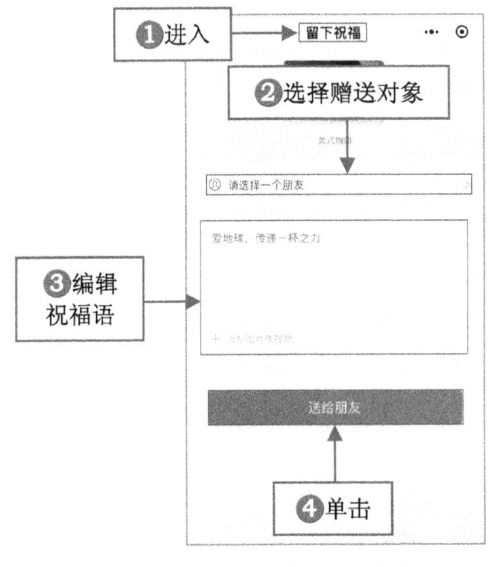

中国是礼仪之邦，我们信奉的是"礼轻情意重"，而"星巴克用星说"小程序中的礼品卡则正好满足了国人的送礼需求。而且礼品卡可以用于线下结算，具有一定的可流动性。因此，部分用户，特别是年轻用户会选择赠送礼品卡来向他人表达自己的心意。

11.2 内容优质，不愁赚不到钱

对小程序运营者，特别是内容类小程序运营者来说，知识付费应该算得上是一种比较可行的变现模式。只要小程序运营者能够为用户提供具有吸引力的内容，用户自然会愿意掏钱，这样一来，小程序运营者只要能生产出足够优质的内容，就不愁赚不到钱了。

11.2.1 采用会员制，积少成多

内容付费比较常见的一种形式就是会员付费。会员付费是指某些内容要开通会员之后才能查看。虽然开通会员需要支付一定的费用，但只要小程序运营者能够提供用户感兴趣的内容，许多用户还是乐意为之的。

而对小程序运营者来说，只要用户开通了会员，便赚到了会员费，而且在开通会员后，用户还可能在小程序中进行其他消费。因此，不少内容类小程序都会

采用会员制，为特定对象提供有偿服务。

会员付费可分为两种模式：标明会员内容和隐藏会员内容。接下来，作者就分别对这两种会员付费模式进行说明。

1. 标明会员内容

标明会员专属内容，明确告诉用户，哪些内容是会员才能查看的，这种会员付费模式非常常见。例如，在"腾讯视频"小程序中，只有会员可观看的视频的左上方会有"VIP"标志，如图 11-17 所示，这就是典型的"标明会员内容"的会员付费模式。

图 11-17　"腾讯视频"小程序中的"VIP"标志

2. 隐藏会员内容

如果小程序运营者一开始就指明小程序中哪些内容是会员才能观看的，那么部分用户为了避免付费，可能会直接放弃查看该内容。

所以，有的小程序运营者并不会从一开始就指明哪些内容是会员专属的，当用户查看内容时，才会发现哪些是开通会员才能看的，此时只要内容足够有吸引力，而会员费又不是很高，用户就很有可能直接开通会员。

"吴晓波频道"小程序就将这一技巧用得很好。在用户进入该小程序后，可以看到如图 11-18 所示的"吴晓波频道"小程序首页。在该界面中设置了"最新"版块。

虽然该版块中的每个节目都没有标明需要会员才能查看，但当用户选择查看其中某一期节目时，就可能在节目详情界面中看到该内容是有偿提供的。用户必须通过开通会员等方式才可查看，如图 11-19 所示。

图 11-18　"吴晓波频道"小程序首页　　　　图 11-19　节目详情界面

大多数用户在遇到这种情况时，会根据费用和自己的需求决定要不要购买。如果费用在自己可接受的范围内，而且自己对这个内容确实感兴趣，就可能直接开通会员。

用户在购买某件产品时，无论这件产品是实物还是虚拟物品，都会衡量其价值。所以，如果小程序运营者想通过会员制实现变现，就应该多为会员提供一些原创的实用内容。

11.2.2　开设课程并收取费用

知识对于人的重要性我们无须再强调，只要是有用的知识，其传授者就有获得应有报酬的权利。

在小程序中也是如此。如果自媒体运营者向用户讲授一些知识，便有获得相应报酬的权利。因此，通过开课来收取学费，也是小程序，特别是内容类小程序的一种常见变现模式。

"得到商城"可以说是通过授课收费模式进行变现的代表性小程序。用户在进入该小程序后，在如图 11-20 所示的首页中，可以看到该小程序为用户提供的一些课程，而且课程都标明了价格。

而用户在单击其中的某一课程后，便可进入如图 11-21 所示的课程介绍界面。在该界面中，用户不仅可以看到课程的相关介绍，还可以购买课程，自己使用或者将课程赠送给他人都可以。

图 11-20 "得到商城"小程序首页　　　图 11-21 课程介绍界面

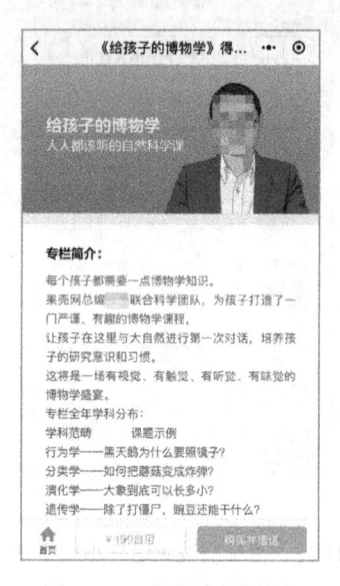

自媒体运营者要想通过授课收费的方式进行小程序变现，需要特别把握好两点。一是小程序必须是有一定人气的，否则，即使你生产了大量内容，可能也难以获得应有的报酬。二是课程的价格要合理。如果课程的价格过高，很多用户可能会直接放弃购买。这样一来，购买课程的人数少，能够获得的收益也就有限了。

11.2.3 向用户推出付费内容

我们经常可以在售卖食品的店铺中看到"免费试吃"活动，商家让你免费试吃产品，如果你觉得好吃，还想再吃，就要花钱买。其实，内容类小程序也可以采用这种模式，用"干货"打造付费内容。

例如，自媒体运营者可以将一小部分实用内容呈现出来，让用户免费查看，先引起用户的兴趣，然后顺势推出后续的付费内容。如此一来，用户为了看完感兴趣的内容，就会选择付费。

付费看完整内容的变现模式常见于一些原创文章中，用户在查看某些文章时，可以免费查看文章开头的一小部分内容，如果要继续阅读，就需要付费。如图 11-22 所示为"少数派 Pro"小程序中的某文章，其采用的便是这种模式。

而在视频类 App 和小程序中，则更多地会将会员制和付费查看完整内容两种方式相结合。例如，在"爱奇艺视频"小程序中，对于某些电视剧，用户可以观看前面一部分剧集，但是，如果要观看最近更新的内容，则需要开通会员，具体如图 11-23 所示。

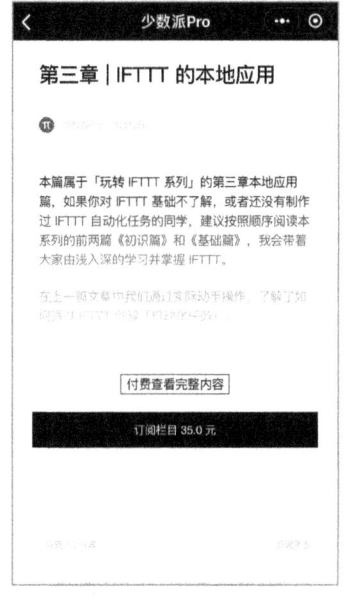

图 11-22　"少数派 Pro"小程序中的某文章

图 11-23　"爱奇艺视频"小程序中的部分付费电视剧

可以说，付费查看完整内容的变现模式的优势和劣势都是非常明显的。付费查看完整内容的优势在于，运营者先通过免费提供的内容引起用户兴趣，对一些用户来说，只要是自己感兴趣的内容，就一定要看完，或者要看到最新的内容。因此，这种变现模式往往能通过前期预热取得不错的营销效果。而劣势则主要表现在，在用户获得一部分内容后，内容整体的神秘感会降低，而如果免费提供的内容不能激发用户的兴趣，用户必然不会买账。

所以，小程序运营者在运用该模式时，一定要对提供的内容，特别是免费呈现的内容进行精心的选择和编辑，确保其对用户是有吸引力的。否则，内容的变现率很可能不会太高。

11.3 不卖东西同样也能赢利

无论是通过打造电商类小程序平台来销售商品，还是通过打造优质内容来变内容为收益，其实质都是在卖东西。其实，小程序是非常强大的，只要运用得当，即使我们不卖东西，同样也能赢利。

11.3.1 直播导购，引流促销

通过直播，主播可以获得一定的流量。如果运营者能够借用这些流量进行产品销售，便可以直接将主播的粉丝变成店铺的潜在消费者。而且相比于传统的图文营销，直播导购可以让用户更直观地把握产品质量，这种方式取得的营销效果往往也要更好一些。

例如，"蘑菇街女装精选"小程序就设置了一个"直播秒杀"版块，如图 11-24 所示。该平台的商家可以通过直播导购来销售产品，如图 11-25 所示为某产品的直播界面。

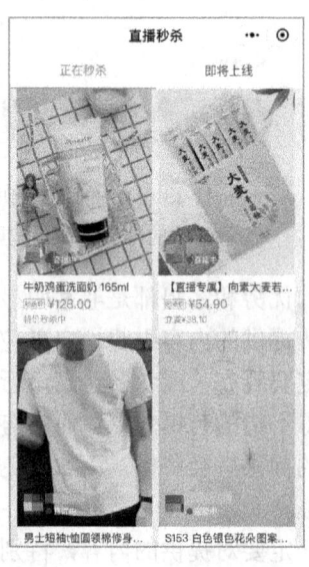

图 11-24　"直播秒杀"版块　　图 11-25　某产品的直播界面

而且在直播界面中，用户购买产品也非常方便，因为在直播界面的左侧列出了相关的产品，用户只需单击对应产品，便可以选择购买产品的数量，如图 11-26

所示。而在单击"立即购买"按钮后，就进入"快捷下单"界面，用户在支付成功后，购物完成，如图 11-27 所示。

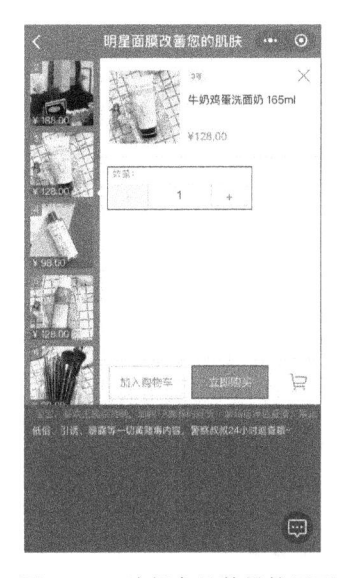

图 11-26　选择产品数量的界面　　　　图 11-27　"快捷下单"界面

在通过直播导购进行小程序变现的过程中，小程序运营者需要特别注意两点。一是主播一定要懂得带动气氛，吸引用户驻足。这不仅可以激发用户购买产品的欲望，还能通过庞大的在线观看数量，让更多用户主动进入直播间。二是要在直播中为用户提供便利的购买渠道。因为有时候用户购买产品只是一瞬间的想法，如果购买方式太复杂，用户可能会放弃购买。而且在直播中提供购买渠道，也有利于主播及时为用户答疑，增加产品的成交率。

11.3.2　流量主为变现赋能

在流量时代，有流量就等于拥有了一切。但人们逐渐发现，要想在互联网中获得发展，光有流量是远远不够的。但不管怎么说，流量不失为一种有效的推动力。

而对小程序来说，流量也是一大发展利器。一方面，随着流量的增加，小程序影响力不断提高，能够获得的成交机会也会相应增加；另一方面，"流量主"功能的开放，也让拥有一定流量的小程序拥有了另一种变现渠道，甚至小程序运营者还能凭此获得不错的收益。

"成语猜猜看"可以说是将流量主运用得比较好的一个小程序了。用户在进入该小程序后，便可以看见界面下方的商品推广广告，用户只要单击该广告便可以进入推广信息的相关界面，具体如图 11-28 所示。而随着用户点击量的增加，该小程序也能借此获得比较可观的收益。

图 11-28　商品推广的相关界面

微信公众号早已开放了流量主功能，我们可以从中窥探该功能在小程序中可能取得的效果。如图 11-29 所示为某微信公众号"流量主"界面，可以看到，该公众号流量主广告的曝光量和点击量虽然不太高，但也取得了一定的收益。

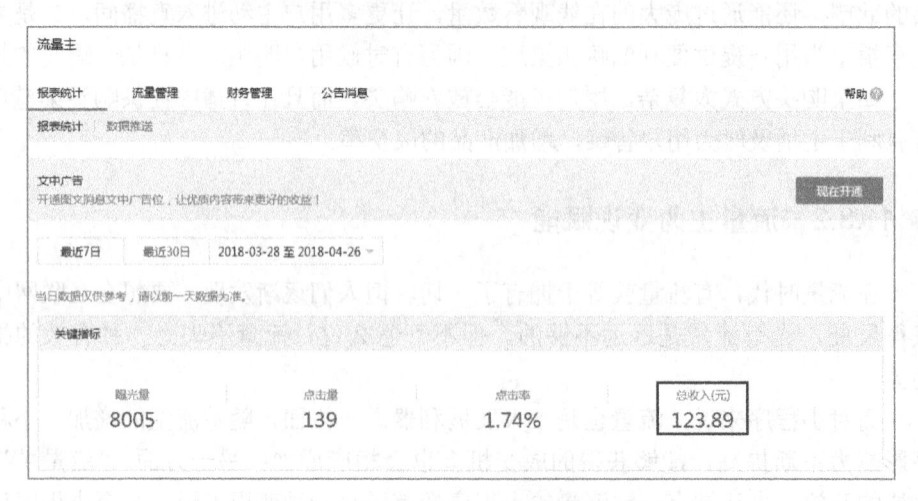

图 11-29　某微信公众号"流量主"界面

小程序凭借流量主功能获得的收益又与流量主广告的曝光量和点击量直接相

关，随着曝光量和点击量的增加，小程序运营者获得的收益也会增加。因此，只要流量足够多，流量主功能也不失为一种小程序变现的有效途径。

11.3.3 运营和广告两不误

流量在一定程度上代表了影响力，许多商家为了推广自己的品牌都会愿意花钱打广告。而一些小程序流量相对来说又是比较大的，所以，这些小程序完全可以在运营过程中为他人和自己的平台打广告，以此在小程序中将流量变现。

以直播类小程序为例，打广告的方式主要有两种，一是在直播中插入广告，二是在直播平台中进行推广。接下来，作者就对这两种直播广告分别进行解读。

1. 在直播中插入广告

主要方式包括直接对产品进行直播宣传和销售、在直播中插入一段广告，以及在直播界面的合适位置插入广告等。其中，比较能让用户接受的方式是在直播界面的合适位置插入广告。

我们经常可以在直播界面的某些位置（通常是界面的边缘）看到一些广告，如图 11-30 所示的某直播的相关界面便是采取的这种方式。可以看到，在该直播界面的左侧放置了一个淘宝网址。

图 11-30 某直播的相关界面

相比于其他广告方式，在直播界面的边缘插入广告的优势在于，主播无须在直播过程中刻意对其进行过多宣传，只要直播还在进行，广告便会一直存在。而且因为没有那么刻意，所以通常不会让受众过于反感。

2. 在直播平台中进行推广

直播平台是主播聚集之地，热门直播平台的流量可以说是非常巨大的。也正因为如此，部分广告主会选择直接在直播平台中投入广告。通常来说，这些广告会出现在用户观看直播的"必经之路"上。

举例来说，可以在直播平台首页导航栏上方的活动推广页对广告主的相关信息进行推广；或者在直播间界面下方插入广告，并提供链接。如图 11-31 所示为部分直播平台中的推广广告。

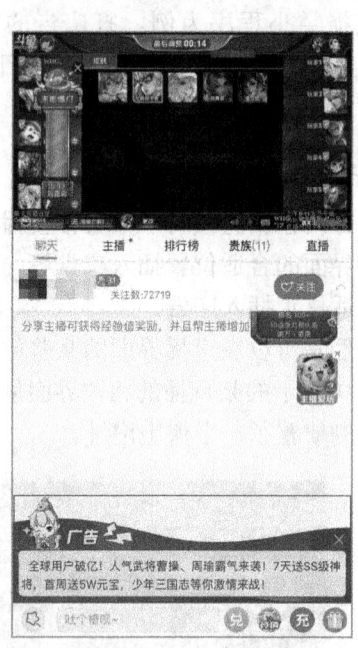

图 11-31 部分直播平台中的推广广告

因为广告有诱导之嫌，所以，部分受众对广告是比较反感的。因此，在直播的过程中，运营者要把握好尺度，不要让广告影响了受众的心情。

● 11.3.4 有偿为用户提供服务

小程序变现的方法多种多样，自媒体运营者既可以直接在平台中售卖产品，也可以利用广告位赚钱，还可以通过向用户提供有偿服务的方式，把服务和变现直接联系起来。向用户提供有偿服务的小程序不是很多，"包你说"小程序便是其中之一。

第 11 章　12 个成交转化攻略，掌握方法，赚钱赚到手软

如图 11-32 所示为"包你说"小程序首页，用户在进入"包你说"小程序后，在该界面中输入红包总金额和个数后，界面中便会出现"还需支付×××元"的字样。如图 11-33 所示为红包总额为 1 元时的界面。

图 11-32　"包你说"小程序首页 　　　图 11-33　红包总额为 1 元时的界面

而在支付金额后，便可生成一个口令，如图 11-34 所示，用户单击该界面中的"转发到好友或群聊"按钮，便可发送红包，红包发送界面如图 11-35 所示。

图 11-34　语音口令生成界面 　　　图 11-35　红包发送界面

虽然该小程序需要收取一定的服务费，但因为费用相对较低，再加上其具有一定的趣味性，所以许多微信用户在发红包时，还是会将其作为一种备选工具。尽管该小程序收费较低，但随着使用人数的增加，也能够获得一定的收入。

在为用户提供有偿服务时，小程序运营者应该抱着"薄利多销"的想法，以服务次数取胜。

11.3.5 借融资来增强变现能力

对小程序运营者来说，个人力量是有限的，小程序平台的发展有时还得依靠融资。融资虽然不能让小程序平台直接赚钱，却能大幅增强电商平台的实力，从而提高变现能力，实现"曲线变现"。

在金融市场中，资金通常是向投资者认为最有利可图的地方流动的。自2017年以来，小程序的发展势头较为强劲，许多投资方也比较看好这块蛋糕，纷纷将资金投入小程序行业。如表11-1所示为2018年3月和4月的小程序融资情况，从中不难看出小程序对投资者的吸引力。

表 11-1　2018年3月和4月的小程序融资情况

融资时间	项目	简介	融资
2018年4月	礼物说	礼物电商导购平台	C轮 1亿元
2018年4月	靠谱小程序	智能小程序工具平台	A轮 数千万元
2018年4月	忆年	相册备份工具	A轮 1000万元 亦联资本领投，中文在线跟投
2018年4月	八十二十	微信小程序技术服务提供商	天使轮 500万元
2018年3月	SEE小电铺	自媒体电商联盟	C+轮 数千万美元 红杉资本领投，前海方舟资本、丹合资本、IDG资本、BAI、晨兴资本跟投
2018年3月	LOOK	时尚内容聚合电商平台	A轮 2000万美元 GGV纪源资本、峰尚资本领投，策源创投、紫辉创投、真诚资本跟投
2018年3月	V小客	小程序社交电商平台	天使轮 4000万元 IDG资本领投
2018年3月	好物满仓	个性化社交电商平台	A轮 金额未知 腾讯、红杉中国
2018年3月	可可奇货	场景零售电商平台	天使轮 1000万元 前海百川基金、乾元坤一、刘澳琪
2018年3月	金客拉	金融社交及业务撮合小程序	A轮 1000万元 浅石创投

小程序运营者可以通过对这些融资案例进行分析和总结，找到适合自己小程序的融资方案，为小程序平台找到强劲的"外援"，从而让自己的小程序平台获得更大的发展推动力。

虽然通过融资可以增强小程序平台的变现能力，但小程序运营者还得明白一点，投资方不会想做赔本买卖，小程序平台要想获得投资，还得让投资方看到小程序的价值。

另外，融资毕竟只是增强变现能力的一种催化剂，小程序平台的变现能力终究还是由运营能力决定的。小程序运营者应该重点提高运营能力，而不能一味地坐等他人投资。

第 12 章

15 个行业案例分析,大号亲自示范

12.1 内容强，小程序就差不了

对内容类小程序来说，最直接的制胜手段就是提供用户感兴趣的内容，只要内容足够优质，小程序的发展就差不了。那怎样的内容才算是优质的内容呢？本节作者就以"汽车之家"、"轻芒杂志"和"豆瓣评分"这 3 个极具代表性的小程序为例来进行具体说明。

12.1.1 汽车之家：选车和用车的行家

与其他小程序相比，汽车类小程序的受众群体本身就比较大。因为现在越来越多的人拥有了属于自己的汽车，还有一些人正在计划买车。除了受众群体大，作者个人认为，"汽车之家"小程序得以快速发展的又一重要原因是，它为用户提供了大量与汽车相关的资讯，让用户觉得似乎选车、用车只看它就够了。

用户在进入该小程序后，便会在首页看到"资讯"版块，该版块为用户提供了新闻、评测、用车、技术等多种信息，用户可方便地进行查看，如图 12-1 所示。

看文字和图片不好直观把握？没关系，在"视频"版块，用户可以获取多种信息，这里既有原创视频、改装/性能、事故/车辆等多种类型的视频，如图 12-2 所示，还开设了《原创试车》《几分钟义务教育》等栏目。

图 12-1　"资讯"版块　　　图 12-2　"视频"版块

微信小程序运营：创意设计+渠道布局+用户运营+营销转化

要买车？那你只需单击下方的"选车"按钮，进入如图 12-3 所示的"条件选车"界面选择车型，还可以进入对应车型的在线询价界面，单击"询底价"按钮，如图 12-4 所示，填写相关资料便可以获知某一车型的价格了。

图 12-3 "条件选车"界面　　　　图 12-4 在线询价界面

另外，单击下方的"服务"按钮，还可以在如图 12-5 所示的"常用服务"界面享受爱车估值、分期购车、油卡充值、拍照识车等服务。并且操作非常简单，以"爱车估值"为例，用户只需单击对应按钮，进入如图 12-6 所示的"爱车估值"界面，即可进行"卖车估值"或"买车估值"。

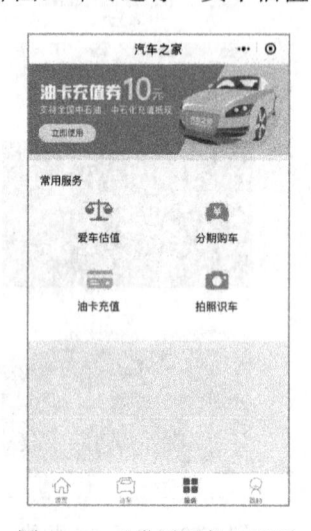

图 12-5 "常用服务"界面　　　　图 12-6 "爱车估值"界面

"汽车之家"小程序的制胜之道在于信息的全面性,但这并不是说运营者在运营小程序时只要尽可能地往小程序中填东西就够了,而是必须要保证内容与服务类目的一致性。

12.1.2 轻芒杂志:帮你找寻理想生活

"轻芒杂志"凭什么成为排名前列的内容类小程序?作者个人认为这与它的内容定位是有很大关系的。一直以来,轻芒杂志要做的都是让用户从中找到理想生活的样子。App 如此,小程序亦是如此。

其实,理想生活是一个很难定义的概念,但理想生活有一个必备的要素,就是做自己感兴趣的事。那么,哪些东西是你真正感兴趣的呢?在使用"轻芒杂志"小程序之后,你或许就有答案了。

"轻芒杂志"小程序的特点之一就是内容多样,其包括兴趣、物质、世界、新事、灵魂 5 大类,每个大类又分成不同的小类,这一点直接反映在"目录"界面,如图 12-7 所示。

如果说"目录"版块是对小程序的内容框架进行呈现,那么"杂志"版块则是对内容进行精选,选择其中的部分内容进行重点呈现,如图 12-8 所示为"杂志"版块的相关界面。

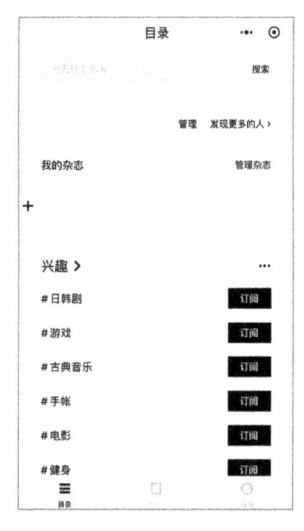

图 12-7 "轻芒杂志"小程序的"目录"界面　图 12-8 "杂志"版块的相关界面

能够提供用户感兴趣的内容是"轻芒杂志"获得成功的一个重要因素,除此之外,"内容+社交"的运营模式也为其发展提供了更多契机。

社交在"轻芒杂志"小程序中的应用主要体现在两方面。

一是用户与其好友的互动。用户在进入某篇文章后，便可以看到下方的"分享给好友"按钮，如图 12-9 所示。单击该按钮即可邀请好友一起阅读该文章，而且在好友接受邀请之后，用户还可以与好友进行在线交流，如图 12-10 所示。

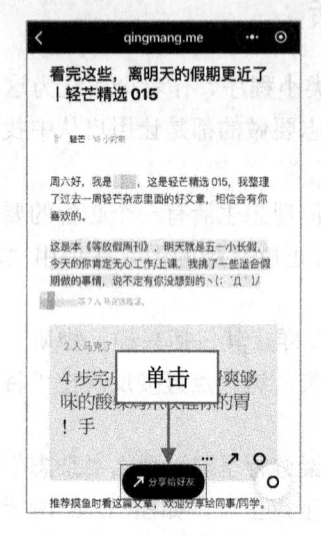

图 12-9　某文章相关界面　　　　　图 12-10　与好友进行在线交流

二是"轻芒杂志"对小程序的意见反馈也比较重视，用户可以与客服进行沟通，反馈自己的意见。而用户单击某篇文章右下角的 ○ 图标（对文章进行"马克"），则表示对该文章感兴趣。这既是对用户兴趣的发现，也为该小程序的内容生产提供了参考依据。

创新是每个运营者都应该具备的一种品质，"轻芒杂志"小程序的发展可以说是离不开创新的。无论是邀请好友一起阅读、一起交流，还是借助"马克"给用户表达态度的机会，实际上都是结合社交呈现内容的新形式。

12.1.3　豆瓣评分：你的影视剧专家团

与一般的影视剧应用程序不同，"豆瓣评分"小程序不是一个资源提供方，而是一个影视剧专家团的汇集地。在这里，用户可以看到其他人对电影、电视剧和综艺的评价，从而更好地判断各种资源值不值得看，如图 12-11 所示为"豆瓣评分"小程序的"电影"版块。

而用户在选择某一影视资源之后，则会看到该资源的相关信息。如图 12-12 所示为《后来的我们》的相关信息。

第 12 章　15 个行业案例分析，大号亲自示范

图 12-11　"豆瓣评分"小程序的"电影"版块　　　图 12-12　《后来的我们》的相关信息

除了影视资源的基本信息，用户还可以通"短评"和"影评"查看其他用户对资源的看法。如图 12-13 和图 12-14 所示为《后来的我们》的"全部短评"和"全部影评"界面。

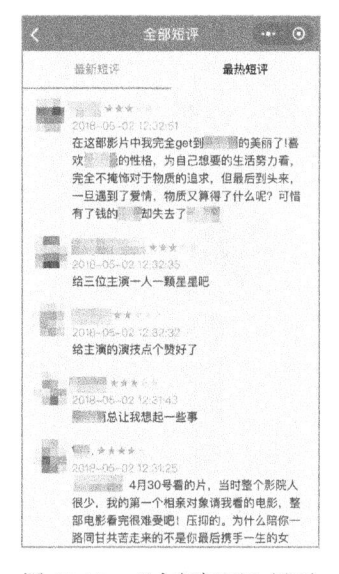

图 12-13　"全部短评"界面　　　　　　　　　图 12-14　"全部影评"界面

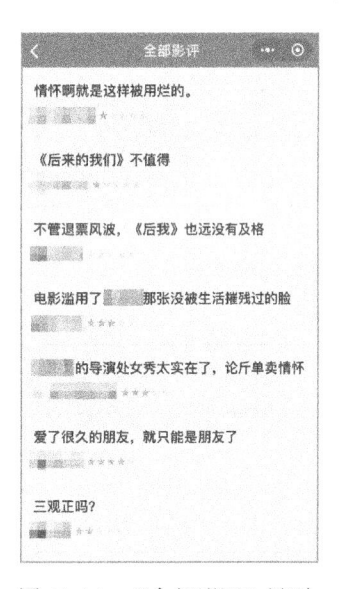

我们正处于一个快节奏的时代，虽然我们或多或少会有观看影视剧的需求，但时间实在有限，而通过"豆瓣评分"小程序，我们可以通过他人的评论对某一

资源是否值得看有一个初步的评估，这样一来，便很好地避免了将时间花费在不必要的资源上。

12.2 电商的开展需要新思路

对于购物，运营者需要明白的一点是，用户要买的不仅是产品，更是一种感受。这种感受既可能是物质方面的满足感，也可能是精神上的满足感。如果小程序能够给用户想要的感受，那么便相当于找到了电商开展的新思路。

12.2.1 拼多多：商品价格低到不可思议

一说到商品价格低廉的电商平台，许多人首先想到的可能是"拼多多"。而"拼多多"小程序也延续了该品牌一直以来的亲民价格策略。在该小程序首页中，有"限时秒杀""品牌清仓""砍价免费拿""9块9特卖""爱逛街""一分抽奖"版块，如图12-15所示。单击图12-15中"1折男装"活动链接，便可进入如图12-16所示的"爆款直降"界面。

图12-15 "拼多多"小程序首页　　图12-16 "爆款直降"界面

用户单击"爆款直降"界面中的某件商品，即可进入如图12-17所示的"商品详情"界面。在该界面中，用户可以以极低的价格购买商品。

另外，为了进一步增加用户数量，"拼多多"小程序还开设了微信群打卡界面，如图12-18所示。

第 12 章　15 个行业案例分析，大号亲自示范

图 12-17　"商品详情"界面

图 12-18　微信群打卡界面

用户只需单击图 12-18 中的"分享到微信群，领红包"按钮，便可以获得一定金额的红包，如图 12-19 所示。在领取红包之后，用户还可查看群红包的相关信息，如图 12-20 所示。

图 12-19　获得群红包

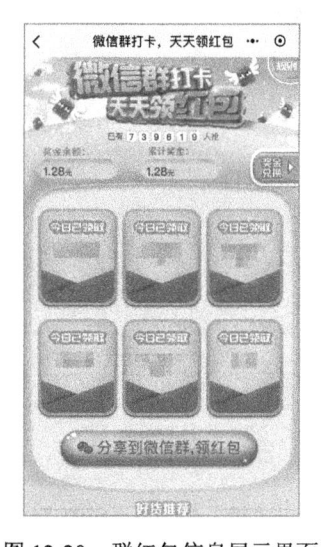

图 12-20　群红包信息展示界面

每个品牌都应该有区别于其他品牌的独特定位，而"拼多多"小程序的定位很显然就是低廉的价格。也正因为其不可思议的价格，许多用户，特别是精打细算的用户成为其忠实的顾客。

再加上该小程序会不定期地推出各种活动，许多用户为了用更低的价格购得某些商品，就会持续关注该小程序的活动，而这样一来，无形之中又大大增加了用户的使用率。因此，"拼多多"小程序能够受到许多用户的喜爱也就不足为奇了。

12.2.2 饿了么：帮你照顾好你的"五脏庙"

随着生活节奏的加快，我们每天可以利用的时间似乎越来越少，一些上班族没有时间在家里做饭，甚至没有时间下楼到附近的餐馆吃饭。在这种情况下，各类外卖应用软件顺势获得了飞速发展。

以"饿了么"小程序为代表的应用软件则扮演了照顾越来越多人的"五脏庙"的角色，如图12-21所示为该小程序的"外卖"界面。该小程序为用户提供了许多福利，不仅提供了各种满减券，还不定期推出一些活动。

例如，单击"外卖"界面的"抽20元红包"按钮便可以进入如图12-22所示的"免单红包"界面，可以通过邀请好友获得免单红包。

图12-21 "饿了么"小程序的"外卖"界面　　图12-22 "免单红包"界面

另外，在该小程序的"发现"界面还推出了如图12-23所示的"每日签到"活动，用户只需进行签到便有可能获得奖励。而向上滑动界面，则可以看到该小程序的外卖类别，如图12-24所示。

第 12 章　15 个行业案例分析，大号亲自示范

图 12-23　"每日签到"活动　　　　图 12-24　外卖类别展示

虽然市面上能够提供点餐服务的外卖类 App 和小程序很多，但"饿了么"却一直位于前列。任何成功都是有其道理的，"饿了么"小程序能够取得这样的成绩也是有原因的。

"饿了么"小程序的发展主要有 3 方面的原因，一是该品牌在推出小程序之前，已经积累了大量人气；二是该小程序提供了各种优惠，商品价格相对比较低廉；三是该小程序提供的外卖类别比较多，可以满足用户多方面的需求。

12.2.3　女王新款：服务对象在精不在多

俗话说"贪多嚼不烂"，一味地求多，很多时候只会让我们做不好一些简单的事。小程序的运营也是如此，每个应用平台的运营者的精力都是有限的，如果运营者不能明确小程序的服务对象，将难以精准运营，也没有足够的精力进行全面管理。

因此，在某种程度上，小程序的服务对象在精不在多。"女王新款"小程序的发展就很好地说明了这一点。该小程序的主要服务对象是年轻女性，其凭借精准的用户定位，获得了飞速发展。

许多人在购物时都会比较关注邮费问题，毕竟有时一件几十块钱的商品还要花一笔邮费会让人觉得非常不划算。

针对这一问题，"女王新款"小程序推出了包邮版块，用户在该小程序的首页可以看到"49 包邮""99 包邮""169 包邮""229 包邮"等版块，如图 12-25

所示。用户在单击后则可进入对应的包邮产品界面，如图 12-26 所示为"49 包邮"界面。

图 12-25 "女王新款"小程序首页　　图 12-26 "49 包邮"界面

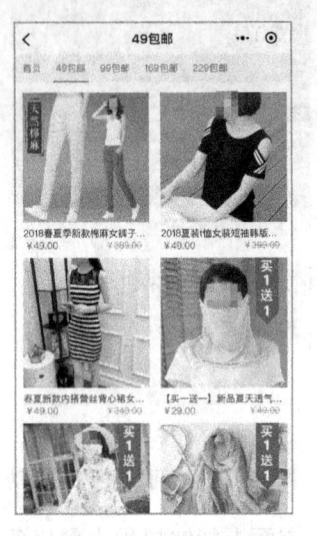

而用户在单击某一商品之后，可以查看该商品的相关信息，并且显示该商品"免运费"，如图 12-27 所示。另外，该小程序中的产品相对来说都是比较时尚的，而且价格也比较优惠，这也是许多年轻女性选择该平台的重要原因，如图 12-28 所示为"女王新款"小程序中的部分商品。

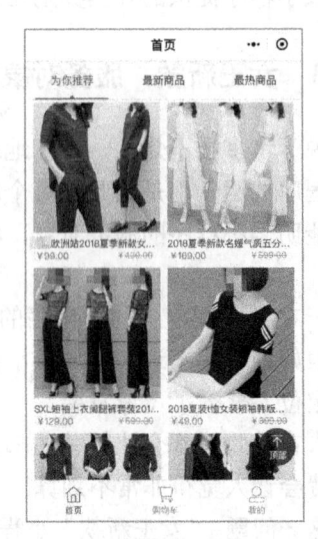

图 12-27 商品的相关信息　　图 12-28 "女王新款"小程序中的部分商品

12.2.4 蘑菇街女装：并不只有女装

部分不了解该小程序的读者在看到该小程序名称之后，可能会认为其只做女装的销售，其实不然，其同时也销售男装。

在小程序出现之前，"蘑菇街"这个品牌虽然也有自己的 App，但在电商平台中也只能算是不温不火，而其旗下的"蘑菇街女装"小程序却在"2017 年度阿拉丁神灯奖小程序颁奖盛典"中获得了电商零售类奖，同时也成为 2017 年阿拉丁首届小程序生态产业峰会上唯一的经典案例。

那这个小程序究竟有何过人之处呢？作者个人认为，"蘑菇街女装"小程序的发展主要有 4 大助力，一是入口优势，二是新的销售方式，三是让利营销，四是善用社交之力。

与大多数小程序不同，"蘑菇街女装"小程序在入口上有天然的优势，如果用户进入微信"钱包"界面，便可以在"第三方服务"版块中看到"蘑菇街女装"一栏，如图 12-29 所示。而单击该栏，便可进入"蘑菇街女装"小程序，这无疑可以给该小程序带来巨大的流量。

在销售方式上，"蘑菇街女装"小程序也有创新，它专门设置了"直播"版块，如图 12-30 所示为该版块的相关界面。语言是有力量的，相比于文字和图片，直播视频往往更能激发用户的购买欲。虽然也有一部分用户只是为了看个新鲜，但不管怎么说，这是一个非常正确的选择。

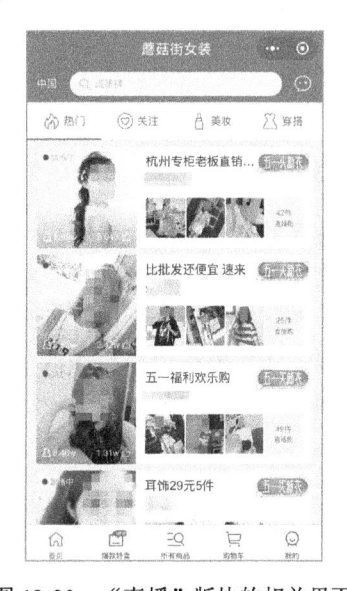

图 12-29 微信"钱包"界面　　　　图 12-30 "直播"版块的相关界面

许多用户在购物时都会考虑划不划算的问题，而"蘑菇街女装"小程序也针对这一点，给用户带来了一些福利。例如，在进入首页后，用户可以看到"满199减100"、"签到领福利"和"0元抽奖"栏目，如图12-31所示。在这些栏目中，用户不仅可以以极低的价格购买产品，还能领取优惠券。

"蘑菇街女装"小程序对社交的运用也是值得购物类小程序借鉴的。在该小程序中，有大量需要拼团才能获得的福利，也就是说，用户只有先进行分享组团，才有可能获得福利。这种以老用户带新用户的模式，借助用户的社交，给该小程序带来了大量新用户。"0元抽奖"（见图12-32）便是采用的这种营销模式。

图12-31　"蘑菇街女装"小程序首页　　　图12-32　"0元抽奖"相关界面

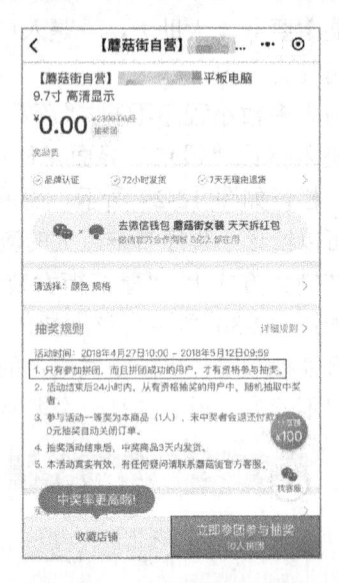

小程序的名称有时会决定用户的选择意愿，虽然"蘑菇街女装"小程序并不是只销售女装，但是部分用户在看到这个名称之后，会自然而然地认为它就只销售女装，而这样一来，小程序势必会失去一批用户。

所以，运营者在给小程序取名时一定要特别注意，最好不要因为想要强调某一服务内容就将其用在名称中，这样做很容易错过有其他需求的用户。

12.3　实用工具让人不离不弃

对于工具，运营者应该要有这样一个认识：只有在用得上的时候，它才是有价值的。小程序的一大优势就是占用内存小，所以，只要你的小程序对用户来说是有用的，即使使用的频率并不高，用户也会保留小程序。

12.3.1 车来了：我的等车气被治愈了

说到"××气"，我们最先想到的可能是起床气。许多人早上被人叫醒，破坏了美梦可能会发脾气。其实，起床会有脾气，等公交车又何尝不是这样呢？相信许多人都有这样的经历，快到车站的时候，公交车刚走；在公交站等车，结果一等就是一二十分钟。

而"车来了"小程序则可以治愈"等车气"。因为通过该小程序，你可以知道公交车还有多久来，这就能够避免来不及或者等太久的情况。现在许多人上下班的交通工具是公交车，这个小程序又正好可以解决确认公交车到达时间的问题，它能俘获大批用户也就不足为奇了。

用户在选择"车来了"小程序后，将自动进入首页，在该界面中，用户可以查看所在位置附近的公交站点及经过该站点的公交线路的基本情况，如图12-33所示。而在选择某一线路之后，便可以查看该线路的详细情况，如图12-34所示。

图12-33 "车来了"小程序首页　　图12-34 某线路的详细情况

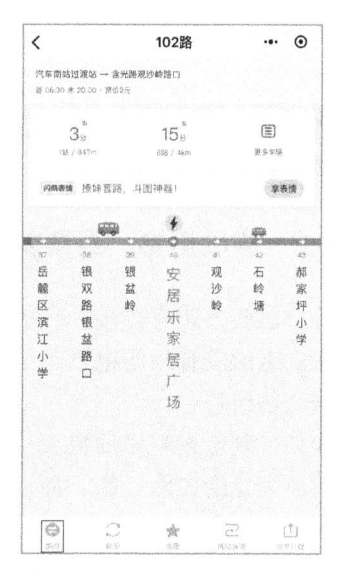

如果呈现的路线方向和用户的需求相反，用户只需单击下方的"换向"按钮，如图12-35所示为进行"换向"后的公交路线。

另外，当用户不知道要搭乘的具体线路时，还可以进入如图 12-36 所示的"路线"界面，选择搭乘起点和要去的地方，查询搭乘方案。

图 12-35 进行"换向"后的公交路线　　　　图 12-36 "路线"界面

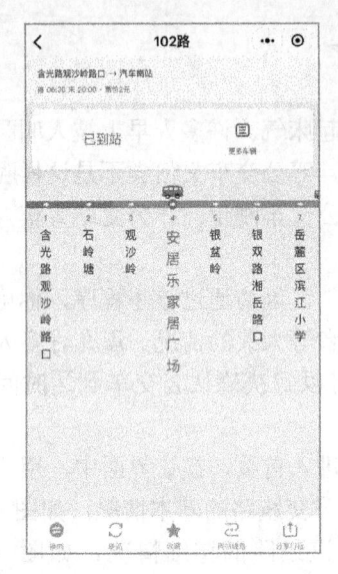

工具类小程序的任务就是为用户提供便利，所以，如果能找到一个用户群体庞大且具有强烈需求的切入点，便很容易获得用户的青睐。很显然，"车来了"小程序就很好地找到了切入点，也正因为如此，许多有等公交车需求的用户都成为该小程序的忠实用户。

12.3.2 猫眼电影：买票就是这么方便

放松自己的方式有很多，有的人喜欢逛街购物，有的人喜欢唱歌发泄，也有的人喜欢去电影院看一场电影。虽然看电影是一种享受，但去电影院买票时却有可能遇到一些问题。

因为如果到电影院以后再买票，很可能不能买到想要的场次和座位，有时候因为时间原因还会白跑一趟。而以"猫眼电影"小程序为代表的购票类应用则很好地解决了这一问题。

用户在选择"猫眼电影"小程序后，便可进入"电影"界面，查看当前热映的影片，如图 12-37 所示。

而单击下方的"影院"按钮，则可进入如图 12-38 所示的"影院"界面，查看附近影院的基本信息，并选择观影场地。

第 12 章　15 个行业案例分析，大号亲自示范

图 12-37　"电影"界面

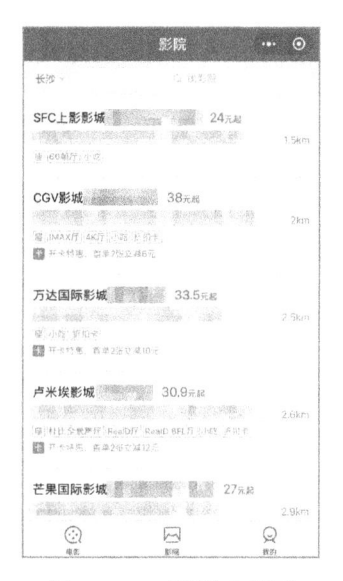

图 12-38　"影院"界面

在选择影院之后，用户可以查看该影院影片的排片情况，选择观影场次，如图 12-39 所示。在场次选择完成之后，用户还可以进一步选择观影座位，如图 12-40 所示。在选择完成后，用户只需进行支付便可完成购票。

图 12-39　影院排片情况

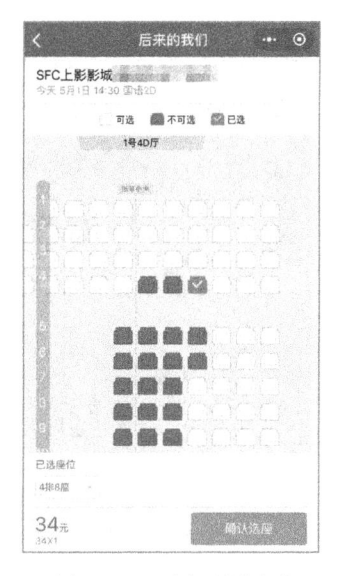

图 12-40　选择观影座位

在购票成功之后，用户只需去对应电影院换取电影票即可。这样一来，用户

- 227 -

通过线上预定、线下使用的方式，非常便利地完成了购票。

12.3.3 墨迹天气：一手掌握天气变化

天气对人们的出行可谓影响重大，如果在天气不好的时间段出行，那么很有可能会因为天气原因影响了自己的心情。因此，许多人为了避免出行受到天气的影响，在出行之前会习惯性地查看天气情况。

人们对天气情况的了解途径可以说是不断变化的，在气象技术欠发达的年代，人们只能通过"观天象"来判断天气。随着气象技术的发展，电视台会在特定时间播报天气情况，而电视台的天气预报在此时就成为人们了解天气的主要途径。

近年来，伴随着气象技术和互联网技术的进一步发展，人们可以通过各种 App 和小程序快速了解天气情况。而"墨迹天气"小程序之所以可以获得成功，其中关键的一点就在于其可以为用户提供便利的服务，让用户一手掌握天气变化情况。

用户在进入"墨迹天气"小程序后，可以看到如图 12-41 所示的默认界面，用户只需在搜索栏中输入需要查询的城市，便可以进入如图 12-42 所示的界面，查看对应城市的天气情况。

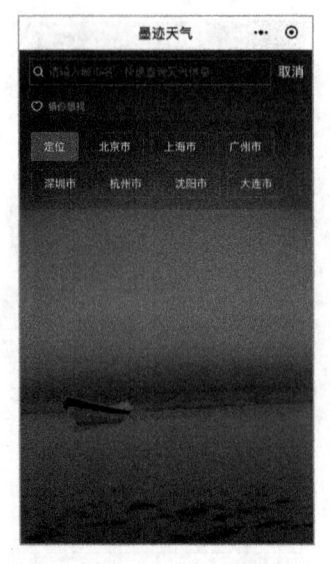

图 12-41 "墨迹天气"小程序默认界面　　图 12-42 对应城市的天气情况

在如图 12-42 所示的界面中向上滑动，用户还可以进一步查看该城市 24 小

时、15 天天气预报及生活指数，全面了解该城市天气情况，以确定接下来的出行活动，具体如图 12-43 所示。

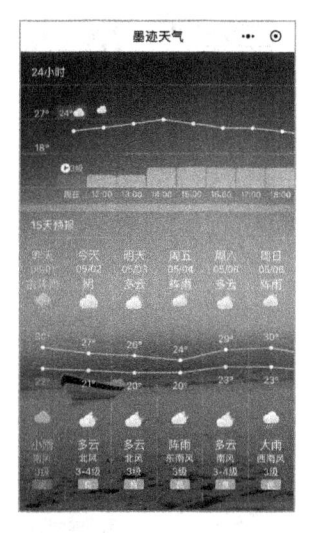

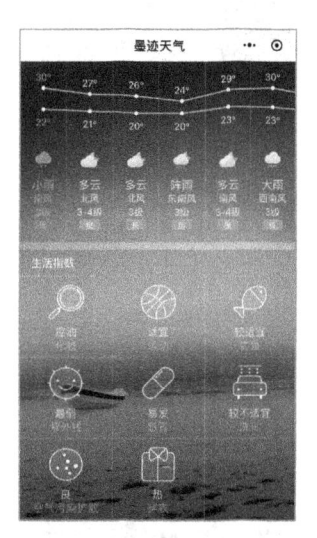

图 12-43 24 小时、15 天天气预报及生活指数信息

由此不难看出，通过该小程序获取天气信息是非常方便的，而且其能提供的天气信息相对来说也是比较全面、准确的。这也是"墨迹天气"小程序能够从众多天气预报类小程序中脱颖而出的重要原因。

12.3.4 手持弹幕：将弹幕随身携带

有的东西光看着就让人觉得"高大上"，如我们马上就要讲到的"手持弹幕"。与一般的弹幕不同，手持弹幕是将弹幕在手机上进行全屏移动展示，让你的弹幕可以随身携带、随时展示。

"手持弹幕"是一款用以展示手持弹幕的热门小程序。用户在进入该小程序之后，可以在输入框中输入需要展示的弹幕内容，如图 12-44 所示。在操作完成后，弹幕便设置成功了，效果如图 12-45 所示。

在看到上面的效果后，如果觉得弹幕展示形式过于简单，还可以单击⊕图标，进入如图 12-46 所示的界面，进行弹幕格设置。在设置完成后，用户便可以看到更具特色的弹幕，效果如图 12-47 所示。

我们在某些节目、演唱会上可以看到他人手机上的对偶像的支持弹幕，"手持弹幕"小程序的出现，使这种操作变得十分简单，再加上该小程序本身的便利性，其迅速成为许多人的"心头好"。

- 229 -

图 12-44　输入弹幕内容　　　　图 12-45　弹幕效果展示

图 12-46　弹幕格式设置　　　　图 12-47　最终效果展示

12.4　游戏永远是主流应用

2017 年 12 月下旬，微信正式开放游戏领域，一时间，小程序小游戏刷爆朋友圈。许多用户表示，没想到小程序还能这么好玩。而在看到小程序小游戏的发展势头之后，业内也有人表示，App 已经被小程序"杀死"了。

当然，这个观点并不一定准确，不过，有一点是不可否认的，那就是借助小游戏，小程序获得了飞速发展。

游戏永远是主流应用，在 App 中如此，在小程序中亦是如此。也正因为游戏类应用的重要性，微信也对其给予了足够的重视。用户进入如图 12-48 所示的"发现"界面；单击该界面中的"游戏"按钮，即可进入如图 12-49 所示的"微信游戏"界面。

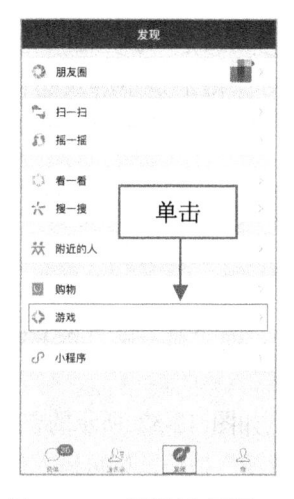

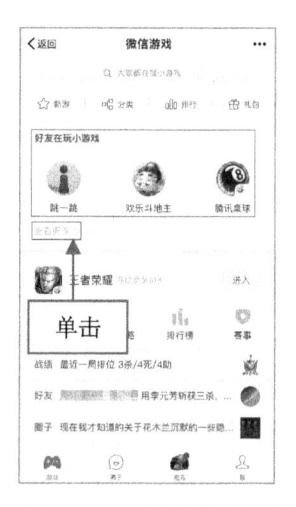

图 12-48　"发现"界面　　　　图 12-49　"微信游戏"界面

在"微信游戏"界面中，用户可以在"好友在玩小游戏"版块中查看受好友欢迎的小程序。单击下方的"查看更多"按钮，可进入如图 12-50 所示的"好友在玩"界面，查看好友正在玩的小游戏。而单击"精选"按钮，则可以进入如图 12-51 所示的"精选"界面，查看最新发布的小游戏。

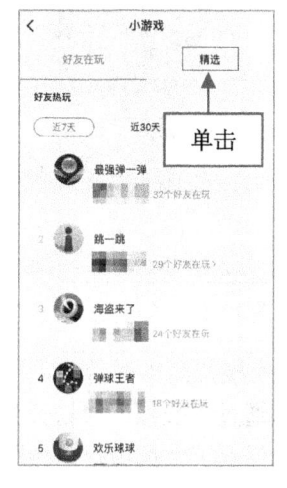

图 12-50　"好友在玩"界面　　　　图 12-51　"精选"界面

▶▶ 微信小程序运营：创意设计+渠道布局+用户运营+营销转化

目前，越来越多的运营者开始热衷于开发游戏类小程序。那么，什么样小程序更容易获得成功呢？本节作者就选择4个热门小程序进行重点解读。

● 12.4.1 跳一跳：你跳我跳大家跳

说到小程序小游戏，可能大多数人最先想到的是"跳一跳"。确实，这款曾一度霸占微信热点和朋友圈的小程序，绝对算得上是小游戏的代表。在作者看来，这款小程序能够获得成功主要有两大原因，一是微信的支持，二是其老少皆宜。

作为第一个正式的小程序，并且是得到微信官方支持的小程序，"跳一跳"小程序借助微信的强大力量，只要稍加宣传，便可以轻易获得成功，尤其微信还对其进行了重点宣传。

一款游戏光有宣传不够，还得用户玩得来。而"跳一跳"容易操作、老少皆宜的属性让其拥有了广泛的用户基础。

用户在进入"跳一跳"小程序后，便可看到如图 12-52 所示的首页。单击"开始游戏"按钮则进入游戏，而单击下方的"排行榜"按钮，则可进入如图 12-53 所示的"好友排行榜"界面。

图 12-52 "跳一跳"小程序首页　　　图 12-53 "好友排行榜"界面

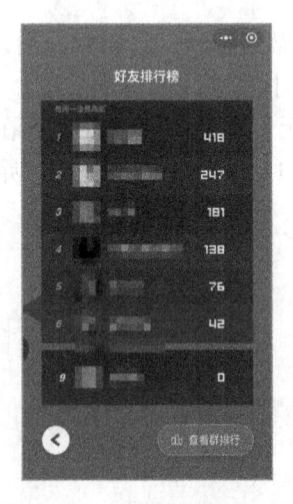

与大多数游戏不同，"跳一跳"是一款操作极其简单的游戏，用户不需要进行其他设置，只要单击"开始游戏"，便可以通过"长按""松开"这两个简单的动作来进行操作，也正因为如此，该小游戏俘获了大批用户，如图 12-54 所示为该小游戏的游戏界面。

另外，为了增加游戏的趣味性和挑战性，"跳一跳"还推出了"皮肤中心"版块，只要用户的游戏分数达到要求，便可以解锁对应的皮肤，如图 12-55 所示为"皮肤中心"界面。

图 12-54 "跳一跳"小游戏的游戏界面

图 12-55 "皮肤中心"界面

另外，"跳一跳"小程序的变现方式也值得许多运营者学习。该小程序借助其强大的影响力和庞大的用户基础，曾以 500 万元一天的广告费，在短期内获得了不菲的收入，这也让不少运营者在羡慕不已的同时，找到了努力运营的动力。

12.4.2 最强弹一弹：弹走各种不开心

在"跳一跳"小程序获得成功后，越来越多的人投身小程序运营领域。借助微信的庞大影响力，以及微信小程序上线以来的强势发展，涌现了不少成功的小程序，"最强弹一弹"就是其中的一个代表。

和"跳一跳"相同，"最强弹一弹"也是一款操作简单、老少皆宜的小程序，再加上"弹球"可以在一定程度上发泄情绪，带走各种不开心，该小程序迅速获得了大量稳定用户。

不过该游戏的核心在于"弹"，而且用户要想玩好这款游戏，还得对弹道有一个预判，让球可以尽可能地接近目标。这也让该小程序在娱乐之余，增添了一份竞争性。

用户在进入该小程序后，可以看到如图 12-56 所示的首页，在该界面中，有"开始游戏""排行榜"两个按钮，如果用户单击"开始游戏"按钮，便可进入如图 12-57 所示的游戏界面。

图 12-56 "最强弹一弹"小程序首页　　　图 12-57 游戏界面

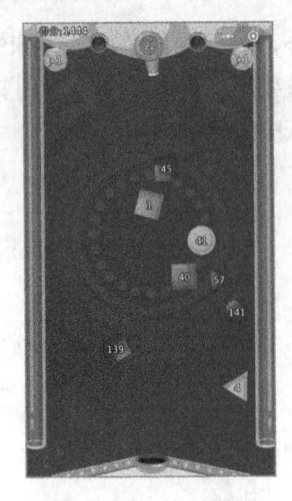

在"最强弹一弹"这款游戏中，随着分数的增加，用户要消除一个目标所需的弹击次数也不断增加，这样一来，物品将越来越靠近炮台，而游戏也将接近结束。不过，在游戏结束后，如果用户单击图 12-58 中的"分享游戏，接着玩"按钮，还可获得一次"复活"机会。

另外，用户还可进入如图 12-59 所示的"好友排行"界面，查看好友的分数和排行情况。

图 12-58 分享游戏界面　　　图 12-59 "好友排行"界面

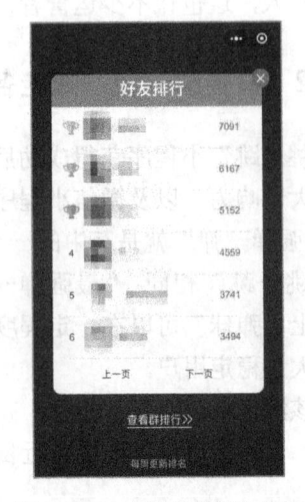

通过对"跳一跳"和"最强弹一弹"的分析，我们不难发现，操作简单、老少皆宜是一个非常关键的因素。游戏类小程序与一般小程序不同，用户基础越庞

大的小程序，往往越容易获得成功。

当然，如果一款游戏类小程序在拥有其他游戏的共同要素的同时，还能找到适合该游戏的相关设置，会更容易获得成功。例如，"最强弹一弹"小程序中通过分享游戏获得复活机会的设置，在增加游戏可玩性的同时，也对其宣传起到了很好的作用，该设置就是非常成功的。

12.4.3 头脑王者：我比爱因斯坦厉害

虽然"头脑王者"小程序的服务类目为"在线服务"，但它实际上是一个答题类的游戏。与一般游戏不同，它在保证竞争性的同时，可以让用户复习旧知识、学到新知识，这也是其能取得成功的重要原因。

用户在进入"头脑王者"小程序之后，便可看到如图 12-60 所示的首页。而单击"开始测试"之后，便可以与"爱因斯坦"对战，所以，用户在这里甚至可以打败"爱因斯坦"。和部分游戏相同，"头脑王者"为了增加竞争性，也设置了"排位赛"版块，如图 12-61 所示。

图 12-60　"头脑王者"小程序首页　　图 12-61　"排位赛"版块

而用户在排位赛中取得的段位，又会在如图 12-62 所示的"排行榜"中进行友好排行和世界排行，这便让该游戏有了一定的竞争性。除排位外，该小程序还设置了"大奖赛"版块，只要题目答得好，用户甚至可以获得一定的奖金，如图 12-63 所示为"大奖赛"版块。

另外，为了增加用户之间的互动和用户的覆盖面，该小程序还设置了"好友对战"和"群比赛"版块，如图 12-64 所示。而为了增加游戏性，该小程序还设置了"知识升级"版块,如图 12-65 所示,用户只需对特定类型进行升级,便可在答题过程中,在正确回答该类问题时,获得一定的 BUFF。

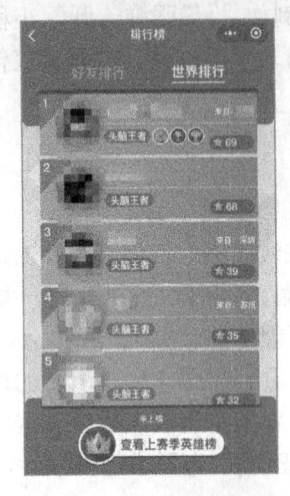

图 12-62 "排行榜"界面 　　　　图 12-63 "大奖赛"版块

图 12-64 "好友对战"和"群比赛"版块 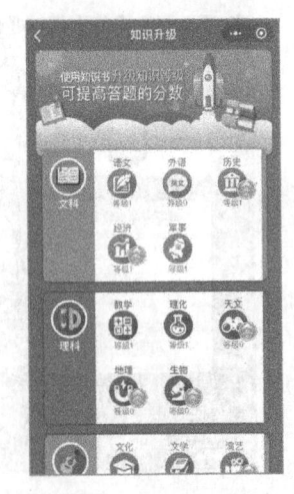　　图 12-65 "知识升级"版块

说到游戏,许多人想到的可能是《英雄联盟》《荒野行动》《王者荣耀》这样的角色扮演类游戏。确实,这类游戏可以让用户在虚拟场景中获得成就感,不失为游戏行业的一条出路。而"头脑王者"这种答题类游戏的特点在于,它在娱乐的同时,还能让用户温故旧知识、收获新知识,因而它在小程序中也获得了很好的发展。

所以,运营者在做小游戏时,应该要注意这几个问题:"我的这个小游戏除娱乐外，还能带给用户什么？""用户使用我的小程序，是在学习，还是在浪费时间？"

12.4.4 海盗来了：开启环球航海之旅

"海盗来了"是一款虚拟建造类小程序游戏，不过与一般的建造类游戏不同，在建造之余，通过攻击他人、偷取他人金币等，该游戏具有更多趣味性和可玩性。

如图 12-66 所示为"海盗来了"小程序首页，在该界面中，用户只要有能量，便可以转动圆盘，获得金币、能量、护盾，如果运气好，还能获得攻击他人建筑或偷取他人金币的机会，如图 12-67 所示为偷取他人金币的相关界面，用户只需猜对哪个是目标人物的建筑便可获得金币奖励。

图 12-66 "海盗来了"小程序首页　　图 12-67 偷取他人金币的相关界面

而单击对应图标，用户可进入如图 12-68 所示的建造岛屿界面，在虚拟国度建造自己的岛屿。另外，为了增加微信好友间的竞争性，该小程序还设置了"微信玩伴"版块，展示微信好友的排行情况，具体如图 12-69 所示。

"海盗来了"小程序之所以能够获得成功，除了其娱乐属性，另一个重要原因就是其能够满足用户环球航行的梦想。在现实生活中，许多人因为各种条件的限制，不能真正进行环球航行，但借助该小程序，用户却能在虚拟世界中实现环球航行的梦想。

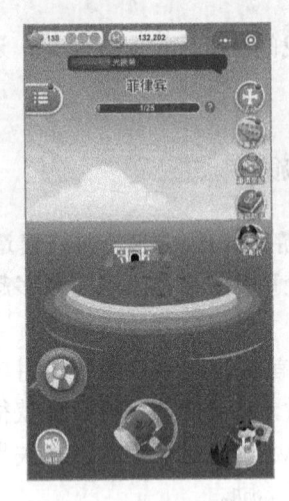

▶▶ 微信小程序运营：创意设计+渠道布局+用户运营+营销转化

图 12-68 建造岛屿界面　　　图 12-69 "微信玩伴"界面

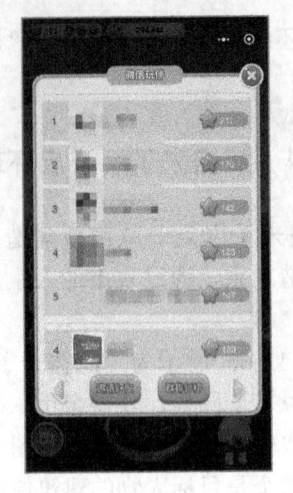